牟宗三著

名家與荀子

臺灣學生書局印行

名家與荀子

目錄

序

此書中各篇皆舊作。荀學大略曾于民國四十二年出版，爲一獨立的小册。關于公孫龍子諸篇則曾于民國五十二年發表于民主評論雜誌，關于惠施者則曾于民國五十六年發表于香港大學東方文化。今輯于一起名曰名家與荀子。

關于公孫龍子，吾只疏解其白馬論，通變論，堅白論，名實論四篇，指物論則缺。此篇難得的解，未能著筆。歷來解指物論者多矣，皆以爲能得其解。實則如將作者所參加之思想抽掉，原文仍看不出確定的表意。惟陳癸淼君所作的疏釋比較自然而順適。但對于該文最後兩句「且夫指固自爲非指，奚待于物而乃與爲指」之疏釋仍有刺謬。甚矣其難解也！陳君之疏釋如將此最後兩句能解得妥當，則將爲一可取之解法。陳君隨從金受申及伍非百以爲此兩句中後一句之「而乃與爲指」，「指」上脫一「非」字，當爲「而乃與爲非指」，是則固可與前句「且夫指固自爲非指」相順承。但如此，便與全篇前文之疏釋相刺謬，陳君亦知之，然其解釋卻不妥當。吾人是否可換一個想法，即並非「而乃與爲指」指上脫非字，而乃是「且夫指固自爲非指」句中衍「非」字，或不衍，而是「非」上更脫一「非」字。如是，則此最後兩句是進而說「且夫指固自爲非非指（指固自爲指），奚待于物而乃與爲指？」此是承前文「指非非指也」句而來。如此，若再以「離也者天下故（固）獨而正」之義釋之，似乎當較順適。若曰：若如此，則與前文「天下無物，誰逕謂指」句相衝突。蓋依此前文，則吾人之可說指仍有待于物也。曰：固是。但天下有物而可說指矣，及指一成，則物是物，指是指，指固可自爲指，不必有待于物而乃與爲指也。有待于物始可說指，但指之成爲指並不有待于物也，即物並不是指本身構成之成分。此合于「離」之精神。當然不免迂曲，但並非不通。或許公孫龍心目中即在說此義。通篇皆順首句「物莫非指，而指非指（＝而指與物非指＝而物指非指）」之綱領反覆申說物與指之肯定關係（物莫非指）以及「物指」（指與物）與指之否定關係（物指非指，指與物非指）。反覆申說已，正式指出「指非非指也，指與物非指也。」繼之，再順「指與物非指」一行申說，並最後順「指非非指（指是指）」一行作正面申說，終歸于指與物離，各自獨成。如此，則通篇似亦可有差強人意之順適，只須知「而指非指」句中首指字當該依據「指與物非指」而改爲「物指」，即可，原句脫一物字也。這固然亦動了一點改動的手術，但此改動是依據原有者而改動，而且亦比其他解釋所動的手術爲小，故比較爲可取也。動此小術後，此下皆可通，如陳君之疏釋。直至此文末段云：

> 指非非指也，指與物非指也。
>
> 使天下無物指，誰徑謂非指？天下無物，誰徑謂指？天下有指，無物指，誰徑謂非指？徑謂無物非指？（案此順「指與物非指」一行申說。）
>
> 且夫指固自爲〔非〕非指（固自爲指），奚待于物而乃與爲指？（案此順「指非非指也」一行說。）

此是說指並非不是指，或並非「指非指」，而乃是指與物合而爲「物指」才可說「非指」。簡單言之，此兩句是說：指是指，物指不是指。此亦如說：馬是馬，白馬不是馬。繼之，再申說「指與物非指」一句。假使天下無「物指」（指與物合），誰能逕直說「非指」呢？有了「物指」，我們始可說「物指非指」。卽，乃正是這物指非指，並非是「指非指」。又，假使天下無物，誰能逕直說指呢？卽，若根本無物，則意指之論謂亦無所施，而指亦不可說矣。有了物而可說指而有了指矣，然若無「物指」（指與物合），誰能逕說「非指」呢？此重新前義。又誰能逕說「無物非指」（物莫非指）呢？此進而重歸于全文之首句。

繼之，最後再順「指非非指也」一行申說。「且夫指固自爲指，奚待于物而乃與爲指？」卽，指本自爲指，不必待于物參與進來始成爲指也。指謂述物（物莫非指），然而指之成爲指卻不必有待于物參進來而始成爲指，卽物不是指本身構成之成分。卽指是指，物是物，各自離而獨成一存有也。

如此疏釋，全篇亦甚通順。全文不過說三句：

㈠物莫非指；

㈡指與物（物指）非指；

㈢指是指，物是物。

鄺錦倫君亦有一疏釋文刋在幼獅月刋第四十卷第五期。此文甚美。他的講法大體同于陳癸淼君，而表達義理較爲嚴整。他亦說「而指非指」句中首「指」字當該是所指之物，卽當改爲「物」字。其根據是文中「非指者，天下而（之）物可謂指乎？」以及「天下無指，而物不可爲指也。不可爲指者，非指也。」等句。此與陳君根據「指與物非指」而改爲「指與物」或「物指」大致相同。「物非指」，「指與物（物指）非指」，乃相隨而推進說者，故皆可也。此外，他有一個眉目很淸的分別，即他點出通篇只反覆申說兩種關係：認識論的關係與存有論的關係。此兩種關係可並存。「物莫非指」是認識論的關係，「物非指」或「指與物（物指）非指」是存有論的關係。推之，指是指，物是物，則當是存有論的離獨之反身關係。這個分別甚好，可把篇中的糾纏及反覆申說弄得眉目分明，釐然可辨。但他疏釋末段「指非非指也，指與物非指也」以下，則又弄得頭緒太多而迷失，而且又把「且夫指固自爲〔非〕非指（固自爲指），奚待于物而乃與爲指？」這最後兩句改成另一種語法，此則不合理。

我今順陳君之講法，對此末段提出另一講法，可使全文無頂撞處。鄺君之文，若再將此末段之文予以如此之修改，將成爲指物論疏釋中最順適之文，亦是最逼近原義之文。讀者取陳鄺兩君之文合看，再加上吾以上所提議者，當可理解此一難解之古典矣。吾亦不須再爲之疏釋矣。

吾將名家與荀子連在一起，旨在明中國文化發展中重智之一面，並明先秦名家通過墨辯而至荀子乃爲一系相承之邏輯心靈之發展，此後斷絕而無繼起之相續爲可惜。凡此，吾皆鄭重言之于正文，玆再略提于此，以期讀者之注意。中華民國六十七年序于九龍。

惠施與辯者之徒之怪說

惠施與「辯者之徒」之怪說

第一節　惠施之名理

一、荀子非十二子篇曰：

「不法先王，不是禮義，而好治怪說，玩琦辭，甚察而不惠，（惠當爲急），辯而無用，多事而寡功，不可以爲治綱紀，然而其持之有故，其言之成理，足以欺惑愚衆：是惠施、鄧析也。」

又荀子解蔽篇曰：

「惠子蔽于辭而不知實。……由辭謂之道，盡論矣。」

此是荀子從儒家立場，以最早之鄧析與名家中最重要之惠施爲代表，而概括地責斥「治怪說玩琦辭」者。若內在于名理而觀之，則自最早之鄧析，以及後來之惠施、公孫龍，下及墨辯，甚至荀子之正名，皆爲一系相承者，實皆有其價値，亦各有其面貌，不可獨是自己之正名而非他人之察辯也。

二、莊子與惠施爲友，故莊子之論較爲中肯。

莊子徐無鬼篇記莊子傷惠施之死曰：

「郢人堊慢其鼻端若蠅翼，使匠石斲之，匠石運斤成風，聽而斲之，盡堊而鼻不傷，郢人立不失容。宋元君聞之，召匠石曰：嘗試爲寡人爲之。匠石曰：臣則嘗能斲之。雖然，臣之質死久矣！自夫子之死也，吾無以爲質矣。吾無與言之矣！」

惠子似較莊子爲年長。兩人甚談得來，必有相契處。惠施是莊子所與言之「質」，惠施死，無可與言矣。

三、兩人雖有相契處，然莊子之境界與造詣自以爲高于惠施。彼甚爲惠施惜而悲之，蓋慨嘆其不至于道也。

天下篇曰：

「惠施多方，其書五車。其道舛駁，其言也不中。」

「惠施以此，爲大觀于天下，而曉辯者。天下之辯者相與樂之。」

「辯者以此與惠施相應，終身無窮。桓團公孫龍辯者之徒，飾人之心，易人之意，能勝人之口，不能服人之心。辯者之囿也。惠施日以其知，與人辯，特與天下之辯者爲怪。此其柢也。然惠施之口談，自以爲最賢，曰：天地其壯乎！施存雄而無術。

「南方有倚人焉，曰黃繚。問天地所以不墜不陷，風雨雷霆之故。惠施不辭而應，不慮而對，徧爲萬物說。說而不休，多而无已，猶以爲寡，益之以怪。以反人爲實，而欲以勝人爲名，是以與衆不適也。

「弱于德，強于物，其塗隩矣。由天地之道，觀惠施之能，其猶一蚉一蝱之勞者乎？其于物也何庸？

「夫充一尚可曰愈，貴道幾矣。〔此句難解，亦有不同之標點〕。惠施不能以此自寧，散于萬物而不厭，卒以善辯爲名。惜乎惠施之才！駘蕩而不得，逐萬物而不反，是窮響以聲，形與影競走也！悲夫！」

此爲莊子對于惠施既惜且悲之總評。然兩人又有相契者，是則惠施之名理必有不同于當時之辯者處。惠施之善辯，蓋欲以其較高之解悟，（于此與莊子相契），克服當時流俗之辯者。然則惠施在名理上較高之解悟爲何？

四、天下篇：

「惠施多方，其書五車，其道舛駁，其言也不中，厤物之意曰：

四·一　至大無外，謂之大一。至小無內，謂之小一。

四·二　无厚不可積也。其大千里。

四·三　天與地卑，山與澤平。

四·四　日方中方睨，物方生方死。

四·五　大同而與小同異，此之謂小同異。萬物畢同畢異，此之謂大同異。

四·六　南方無窮而有窮，今日適越而昔來。連環可解也。

四·七　我知天下之中央，燕之北越之南是也。

四·八　氾愛萬物，天地一體也。」

此共八事。馮友蘭于四·六條分爲三事，共成十事，非是。（參看中哲史二四九——二五〇）。茲將此八事疏解如下：

四·一「至大無外，謂之大一。至小無內，謂之小一。」「大一」是「至大之整一」，「小一」是「至小之整一」。「至大」以「無外」定，「至小」以「無內」定。此種規定是形式的規定，或邏輯的規定。至于事實上有無合乎這種規定的至大者或至小者，則頗難說。例如現實的宇宙可謂至大矣，但是否是這種無外之至大，則不能定。因爲現實宇宙是事實問題，而凡屬于事實問題者，皆訴諸經驗，而吾人之經驗如想對現實宇宙作總持的表象以決定其至大究是有外抑無外，乃不可能者，此卽表示此乃超出吾人之經驗以外，吾人對之不能有確定之知識者。而自理上言之，現實宇宙其大是有外之大，是可能者，是無外之大亦是可能者。因俱不矛盾故。而究是有外，抑無外，則不能知。康德在「純粹理性批判」中，卽明此兩種相反之意見，俱可證明，然而卻是矛盾者。如是矛盾，則必有一爲假。如是，彼進而明此兩種證明俱有一種幻象在內，如實言之，乃不能證明者。此卽表示吾人之理性順經驗之路進，乃不能孤總宇宙而表象其爲有限抑無限者。但不管現實上有無這種無外之至大，而惠施總可給「至大」以邏輯的定義。此種定義所定者乃是「至大」之模型。此爲名理之談。至于落于具體現實上，有無合乎此種模型之至大，如有之，如何而可能，則是形上學之問題。

關于「至小」亦然。幾何上之「點」似乎合乎此無內之至小。因歐氏幾何定點爲「無部分無量度」。此卽無內也。但歐氏幾何又說集無窮數如此之點可成一條有長度而無寬度之線。但既無內，如何能成有長度之線，乃不可解者。懷悌海博士（Dr A. N Whitehead）想用一種辦法將點規定爲有量點。線面亦復如此。此卽較爲一律。但此種實在論之立場，視點、線、面、體俱爲一種邏輯構造品，恐不合純幾何學之原義。故吾曾順來布尼茲（G. W. Leibniz）之思路，視點、線、面、體俱爲一種純形式的程態概念（modal concept），俱爲無量者。亦不視線爲無窮數之點所構成。無內之點就是無內者，它不是一個量概念，而是一個純形式的程態概念。線面等亦復如此。吾名如此所論者爲幾何學第一義，此純爲理念主義之立場。而懷氏所論者，吾名之曰幾何學第二義。詳論見吾「認識心之批判」，此不能詳。而惠施以「無內」所定之至小（小一），吾人卽可視爲「至小」之模型，亦非有量者。因如其有量，無論如何小，亦必是有內者。是以由無內所成之定義必迫使「至小」爲一純形式之程態概念。此程態概念之「至小」對現實之小而言，亦可是小之模型。現實上之至細至小者皆非此模型之自身。

與惠施相契而稍後于惠施之莊子以及莊子系之哲人，則承此至大至小之討論，撇開名理上之形式定義，而自具體眞實之境上，卽道之境界上，超越此大小，（此大小雖是絕對的大、小，而不是相對的大、小），而至不可言說，不可思議之渾一。莊子秋水篇云：「河伯曰：然則吾大天地，而小毫末可乎？北海若曰：否！夫物，量無窮，時無止，分無常，終始無故。是故大知觀于遠近，故小而不寡，大而不多：知量無窮。證曏今故，故遙而不悶，掇而不跂：知時無止。察乎盈虛，故得而不喜，失而不憂：知分之無常也。明乎坦途，故生而不說，死而不禍：知終始之不可故也。計人之所知，不若其所不知。其生之時，不若未生之時。以其至小，求窮其至大之域，是故迷亂而不能自得也。由此觀之，又何以知毫末之足以定至細之倪？又何以知天地之足以窮至大之域？」依莊子，毫末顯不足以定「至細」，天地亦不足以定「至大」。然則人之「大天地而小毫末」甚無謂也。彼亦不斤斤于名理上至大之模型與至小之模型之如何定。彼意在渾化此大小之別而至無大無小之渾一，此卽眞實而具體之無限。在此理境中，則「小而不寡，大而不多」，此卽無大無小；「遙而不悶，掇而不跂」，此卽不遠不近；「得而不喜，失而不憂」，此卽無得無失；「生而不說，死而不禍」，此卽無生無死。若不至此眞實無限之境，（此「眞實無限」方是眞實的至大，不是形式定義所表示之至大），處于對待之中，以己有對之小智求窮至大之域，必「迷亂而不能自得」。故以毫末爲小，以天地爲大，甚無謂也。蓋猶處於對待計慮之中也。故下卽繼之曰：「河伯曰：世之議者，皆曰至精無形，至大不可圍，是信情乎？（案此卽指惠施等辯者之徒而言）。北海若曰：夫自細視大者不盡，自大視細者不明。夫精，小之微也。垺，大之殷也。故異便。此勢之有也。夫精粗者，期于有形者也。無形者，數之所不能分也。不可圍者，數之所不能窮也。可以言論者，物之粗也。可以意致者，物之精也。言之所不能論，意之所不能察致者，不期精粗焉。」言、意以外，無精無粗，亦卽無形，非數所及。此曰至小可，而至小不與大對；曰至大亦可，而至大不與小對：故無小無大也，此謂眞實之「不可圍」，卽具體而眞實之無限（real infinite）。惠施無外之至大，雖亦「不可圍」，然因是形式的，名理上的，故亦是抽象的，非此無小無大之眞實無限之不可圍也。此是兩層，由惠施之名理而進于莊子之玄理，則技也而進于道矣。名理是邏輯的，玄理是辯證的。故惠施之名理，就其所談者之思理與傾向言，（此與公孫龍不同），易消融于莊子之玄理，此兩人之所以深相契，而莊子又深惜乎惠施也。

四・二「無厚、不可積也。其大千里。」「無厚」，如照歐氏幾何言，則面卽是無厚者，卽只有寬度而無深度。無厚卽不可積，此卽表示有厚之體不能由無厚之面而積成。如是，此無厚而不可積之面亦必是一純形式之程態概念。但若如此解，則「其大千里」，便不好說。其意似是：此程態概念之面雖是無厚而不可積，然若向現實上有厚之面應用，則有厚之面無論如何大，亦總可隨其申展而用得上。現實上有厚之面是有量度的，其量度無論有限或無限，模型之面總可適用。程態概念之面，對現實有厚之面言，亦可是一種模型。惟此模型之面始有此申縮性而無限量，故雖不可積，而「其大千里」也。「其大千里」不是表示「定量」之辭，（卽不是說一定是千里），亦不是指示「實量」之辭，（卽不是指一有千里之大之實量），而乃是虛說其無限量也，豈止千里而已。定量實量是在有厚之面上，而此模型之面則無定量實量，然可隨有厚之面而同其申展，此卽其大無限量也。故無厚不可積之面，如眞維持其爲一程態概念，則其爲大必是關涉着有厚可積之面而隨其申展，而爲無限量之大，不是定量實量之大。如是定量實量，則必須有厚，此則與「原是無厚」相矛盾者。陸德明經典釋文引晉人司馬彪云：「物言形爲有，形之外爲無。無形與有，相爲表裡。故形物之厚，盡于無厚。無厚與有，同一體也。其有厚大者，其無厚亦大。高因廣立，有因無積，則其可積，因不可積者。苟其可積，何但千里乎？」案此解亦頗有意義，可供參考。此解先有形無形對翻。有形爲有，形物之有。無形爲無，有外之無。此無似是虛空，空的空間（void, empty space）。故此有無對翻不是道家所言之有無。「無形與有，相爲表裡」，「無厚與有，同一體也」，是則空的空間之長、寬、高（厚）是因有形之物之長寬高而成，此「成」卽實量化定量化之意，而其本身固無實量定量也。此卽因形物之長寬高而得一限定也。故云：「其有厚大者，其無厚亦大」。（厚只是一例，長寬皆然）。反之，有形之物之長寬高必因有空的空間而始容其申展。此所謂「高因廣立，有因無積」也。「有因無積」，言有形之物之或長或寬或高皆因有虛空之空間而始能累積成或申展成也。故云：「則其可積，因不可積者」。空的空間本身則既無長亦無寬，亦無高（厚），此卽爲「不可積」。可積者皆有形物之有長寬高者也。苟其因不可積者而可積，則其可積之量何止千里？此解「其大千里」似是就可積者言，不合原意，于理亦不順。故此句當爲「苟其可積，則不可積者何但千里乎？」如此，則語意方顯而確，而與上文「其有厚者大，其無厚亦大」亦相貫通。此言可積者無論如何大，不可積之空間因總可容受之，而亦必為無限量之大。故「其大千里」乃虛說之辭，其實「何但千里乎？」此顯指不可積者言，如此始有意義。若指可積者言，則成無意義之贅辭。

此解是由「無厚」而顯示一虛的空間，無厚只是一端，無長無寬俱在內。而「其大千里」之大則必關涉有形之有厚者而為無限量之大，則與吾解同。此解亦通。虛的空間，若予以幾何學之表象，則點線面體俱為純形式之程態概念。由此作解亦可通。從虛的空間方面說，是存有地說。從幾何概念方面說，是邏輯地說。兩解相容而不相悖，而亦同一思理也。

四·三「天與地卑，山與澤平。」天無所謂在上，地無所謂在下。山亦無所謂高，澤亦無所謂低。此主要在泯除因比較而顯之上下高低等之差別相。比較必立一標準，而標準之立是主觀的，原無定準，因比較而顯之上下高低是關係詞，原是虛概念，本非一物之屬性。如果標準不立，則比較不成，而關係亦泯。如果立一相反之標準，則一切比較皆可顛倒。順是而言，則天地山澤本無所謂上下高低也。順約定俗成，以天為上，以地為下。若全反之，而曰地上天下，亦無不可。甚至謂天與地同其卑下，地與天同其高上，亦無不可。說「天與地卑」不是在一標準下實然肯定之辭，而乃是一遮撥之辭，意在明天地無所謂高下也。（標準無定準，比較所顯為虛詞。）此純為名理之談。至乎莊子，則承風接響，自修道之立場，遂視一切比較所顯之差別相皆爲虛妄，皆足成執，故必超越而化除之，然後始可至渾一之境，此卽所謂逍遙齊物也。此則由名理而進入玄理矣。名理是形式地談，純理地談；玄理則是主觀修證地談，具體地談。莊子雖惜乎惠施，而不能不受其啓發。名理之辨是智者之初步開擴，（開拓理境），玄理之證，則是達者之進一步的圓融。然而程明道云：「愚者指東爲東，指西爲西，隨像所見而已。智者知東不必爲東，西不必爲西。惟聖人明于定分，須以東爲東，以西爲西。」此方是到家圓成之言。最後一切歸于平平。此是儒者「性理」之慧。「智者知東不必爲東，西不必爲西」，此智者有兩型：一是惠施，名理之談是也；一是莊子，玄理之證是也。然而莊子只向「泯除差別顯渾一」趨，不能成就差別相，猶未至乎「聖人明乎定分」之境也。此道家玄理之所以終于一間未達也。

名理，玄理，性理，各有其理境，不可不察也。

四·四「日方中方晲，物方生方死。」此是從至變以明差別對立之不能立。由此而言，一切是在變之「成爲過程」(becoming process)中，並無「是」(to be)可言。一切是而不是：日剛剛中卽剛剛不中，物剛剛生卽是剛剛死。依此，時間之三世不立，生死之對立不立。此與前條已進入惠施之「合同異」矣。莊子齊物論言「彼此莫得其偶」，卽明彼此、是非之對偶性不能成立也。對偶性不能成立，則彼此、是非皆站不住，因而可消融而爲一也。

故云：「彼是（此）莫得其偶，謂之道樞」。言此一機竅是道之樞紐（或樞要）也。齊物論云：「彼出于是，是亦因彼。彼是，方生之說也。雖然，方生方死，方死方生；方可方不可，方不可方可。」此「方生之說」顯然是發自惠施。而莊子卽承之而爲玄理之談矣。積極之名理家，如公孫龍及墨辯，皆必定彼此，明是非。（詳見另篇）。而莊子則承接惠施之名理而必化彼此，消是非。然則惠施與公孫龍雖同爲善辯之士，名家之中堅，然兩人之名理與思理皆有不同。公孫龍之名理是「邏輯域」，其思理是向往「存有」；而惠施之名理是傾向于「辯證域」，其思理是向往「變」而至「合同異」之一體。故惠施之名理易消融于莊子之玄理，而公孫龍則獨闢一境，此在中國爲特殊，故其理境不易消化，因而流于枯萎也。

四·五「大同而與小同異，此之謂小同異。萬物畢同畢異，此之謂大同異。」大同與小同之間的差別，曰小同異。小同異卽相對的同、異。「萬物畢同畢異」，曰大同異。大同異卽絕對的同、異。如果不只籠統地泛說，此將如何明其實義？案小同異，切實言之，卽綱目層級中之同異。例如人與人之間爲大同，人與動物之間卽爲小同。人與動物之間爲大同，人與草木瓦石之間卽爲小同。中國人與中國人之間爲大同，中國人與歐洲人之間爲小同。北方人之間爲大同，北方人與南方人比卽爲小同。此中之「同」卽相似性或同一性（similarity, sameness, or identity）。「大同」卽其相似性的程度很大，小同卽其相似性的程度稍差。

「大同」亦可以說其相似點很多，「小同」亦可以說其相似點較少。此種「同」之大小或多少皆是比較而言，故是相對的；又是抽出某一點或若干點而言，故是抽象的。無論大同或小同，其中皆含有一種異，卽差異點，不相似性。既是比較的大同，同中自不能無異。大同是同性大或多，異性卽比較地小或少。小同是同性小或少，異性卽比較地大或多。無論同或異，皆是比較的，故總是在層級中。此種綱目層級中的同或異，惠施卽名曰「小同異」。（就同屬一目言，相似性大。就異目而同屬一綱言，相似性小。此可層層向上，亦可層層向下。故曰綱目層級。）

萬物畢同，此是「大同異」中絕對的同；萬物畢異，此是「大同異」中絕對的異。畢異落在何處說？曰：落在個體處說。自個體而言，則個個不同。自抽象之某一面說，儘管有相同處，然孤總而論每一存在的個體自身，則個個不同。此卽來布尼茲所說：「天下無兩滴水完全相同者」。此卽爲絕對的異。「畢異」之「畢」是「皆」義或「都」義，意指一切個體皆個個不同。此不是說：皆不完全相同，亦不是說：皆完全相異。乃只是說：無兩個體完全相同者，此卽是說：一切個體皆總有異。「不完全相同」是對于「完全相同」的否定，此表示相同中有異性，此正好是屬于小同異。「皆完全相異」是說相異的程度已至極高度。但「畢異」不函此義，卽畢異不涉及其異之程度，只要有一點異，便足以標識個體不同。故

「萬物畢異」既非「萬物不完全相同」，亦非「萬物完全相異」，乃只是「萬物個個皆不相同」，至于其不相同之異之程度則不在此陳述內。完全相異，不完全相異，完全相同，不完全相同，皆是同異之程度問題。一涉及程度，便是小同異中之同異。但此畢異，則是大同異中之絕對的異，故只是異，而不涉及程度之比較也。

至于「萬物畢同」之畢，則須有不同之了解。畢同不是說萬物（個體）皆同也。因就個體言，明皆不同故。如于此又言同，則自相矛盾。故此「畢同」決不能落在存在的個體自身上說。乃是說：萬物皆同于一同。此並非說：皆完全相同。亦非說：皆完全無異。乃只是說：萬物皆在一絕對普遍性中而合同。此是從普遍性言，不是從個體性言。不是萬物皆同，乃是萬物皆因分得一普遍性而成其爲同，或皆屬于此普遍性而得「合同」。就其因普遍性皆得「合同」言，亦不涉及同之程度，故亦可曰「絕對的同」。畢同落于普遍性上說，畢異落于個體性上說。就個體言「萬物皆異」不函說：「皆完全相異」，亦不函說：「不完全相同」。對普遍性言，「萬物皆因一絕對普遍性而得一同義」不函說：「萬物（就其爲個體）皆同」，亦不函說：「皆完全相同」，亦不函說：「皆不完全相異」。故畢同畢異字面上句法完全相同，然其意指卻完全不同，不可不察也。

此種畢同畢異，可因綱目層級中之層層向上而至一最高之綱，得一最高之普遍性，因而使萬物皆同于此，而成其爲畢同，亦可因層層向下而達至個體，因而說無兩物完全相同，此即所謂畢異。（畢異：無兩物完全相同。畢同：萬物皆同一于一絕對普遍性。）

以上爲純名理地談。唯畢同方面尙可進而至于玄理地談。（畢異方面較簡單）。莊子德充符云：「自其異者視之，則肝膽楚越也。自其同者視之，萬物皆一也。」莊子總是自玄理言，亦總是自主觀修證上言。故不甚注視客觀存在方面個體之不同，亦不甚注視客觀方面絕對普遍性之同，故其所說之「異」是肝膽楚越，此種「異」不是純理說的個個不同之異，乃是因個個不同而起執着，因而此疆彼界互相敵對，不能相忘相得，得大自在，故雖肝膽亦若楚越。此種異實是主觀執着之差別相。不是客觀地辨如何異，如何同。故泯差別相，不起執着，相忘相得，即是渾同之一。「自其同者視之，萬物皆一也」。此「同」好像亦不是客觀的絕對普遍性之同。即或有此意義，亦因之而轉化爲渾同之同，不起差別見之同。故因此同而至「萬物皆一」，此「一」亦不是同一于普遍性之「一」，而乃是渾一之一，玄一之一，亦即「天地與我並生，而萬物與我爲一」之「一」。「惟達者知通爲一」。「旣已爲一矣，且得有言乎」？故此一乃不可思議，不可言說之一。此是玄理之大同異，結果是無同無異。無同無異，是謂至同，亦即玄同。此是玄理之進于名理處。惠施之談大同異是名理地談，亦是客觀地談；而莊子則進一步，是玄理地談，亦是主觀修證地談。莊子之心靈固根本不同于惠施，但惠施之名理確可啓發莊子之玄理。名理與玄理之間有相當之距離。卽就本條言，吾人尚不能完全以莊子玄理之合同異解惠施名理之合同異也。名理之合同異，最後還是有同有異。其所合者至多是相對的小同異。絕對的同與絕對的異仍不能泯滅也。

德充符之言，郭象注云：「……夫因其所異而異之，則天下莫不異。而浩然大觀者，官天地，府萬物，知異之不足異。故因其所同而同之，則天下莫不皆同。又知同之不足有，故因其所無而無之，則是非美惡莫不皆無矣。夫是我而非彼，美己而惡人，自中知以下，至于昆蟲，莫不皆然。然此明乎我而不明乎彼者爾。若夫玄通泯合之士，因天下以明天下，天下無曰我非也，卽明天下之無非；無曰彼是也，卽明天下之無是。無是無非，混而爲一，故能乘變任化，迕物而不慴。」此猶符合莊子之玄理。文中「因其所異而異之」，「因其所同而同之」云云，顯然是套自秋水篇：「因其所大而大之，則萬物莫不大；因其所小而小之，則萬物莫不小。……因其所有而有之，則萬物莫不有；因其所無而無之，則萬無莫不無。……因其所然而然之，則萬物莫不然；因其所非而非之，則萬物莫不非。」然而「因其所異而異之，則天下莫不異。……因其所同而同之，則天下莫不皆同」並不必卽同于「萬物畢同畢異」。此明莊子玄理之合同異可，而不必能明惠施名理之合同異。故卽以此解惠施之畢同畢異」不可。

四·六「南方無窮而有窮，今日適越而昔來：連環可解也。」案此條歷來皆作三句獨立解，即「連環可解也」亦作獨立一句解。吾看似並不如此。此條說：南方無窮而有窮，今日適越而昔來，此兩句表面上皆是自相矛盾之辭。然惠施暗示之曰：雖似矛盾，而實「連環可解也」。「連環可解」亦猶天下篇前文述莊子「其書雖瓌瑋，而連犿無傷也」。言連環宛轉而可通也。故「連環可解」是提示語，並非獨立一事。天下篇述惠施「歷物之意」，自「至大無外」起，無單辭成一事者。皆是若干句合成一小段，爲一意。此與下文「卵有毛」等不同。故此條三句當爲一起，而主要是在表面爲矛盾之兩句所表之意。吾意當惠施說此兩句時，心中實有一圓圈之洞見。此即「連環可解」一提示語之所由來。（詳見補注）。

「南方無窮而有窮」，此南方自不限于中國之江南或再南至江南以南，乃是就全宇宙而言，故是無窮的。此若直線思考，則「無窮而有窮」自是矛盾。但若視宇宙爲圓球，曲線思考之，則不矛盾，故曰：「連環可解也」。向南直走，隨圓形而又轉回來，故無窮而有窮。此顯然有一種圓圈之洞見。此洞見，也可以說是想像，有一最佳之例證，即今日之相對論視宇宙爲「無邊而有限」(boundless but finite)。從無邊界言，是無窮；從有限言，是有窮。故「無窮而有窮」，如眞連環可解，非是圓形不可。

但是「今日適越而昔來」，則並不如此顯明可解。初次驀然一見，似乎也是連環可解，再細一想，似乎又並不連環可解。因爲今日開始適越，向南或北或任何方向走，雖可隨圓形而又轉回來，好似依然故吾，眼前卽是，所謂「夢裏尋他千百度，驀然回首，那人卻在燈火闌珊處」，然而時間卻正是不可逆轉的一向（irreversible），並不能隨空間之圓而顚倒時序。時間可以隨空間之圓而圓流，然過去、未來、現在，總不可逆轉。如果我們默想時空合一，想眼前適越之時與地，再隨圓形轉回來而至越處，想所至之越原有之時與地，則似乎亦可說「今日適越而昔至」，因爲越原在那裏，已有其空間與時間，是以當吾至越之時，或今日適越之時，亦可說卽是昔至也。但實則並不可如此說，因爲我默想客觀圓形宇宙本身的時空，（或越本身的時空），是一回事，而我之「自今日起開始適越」之實際行動，又是一回事：此兩者並不可混。我想當惠施說此句時，心中似有一朦朧之直覺，認爲時間方面亦如空間方面，亦是連環可解。但實則並不如此。其所以認爲連環可解者，是因不自覺中有一種混擾之移置：移時作空，混我之實際行動之時空過程而爲客觀存在之時空過程，卽混行動爲默想。吾亦常有此錯誤之直覺，認爲此詭辭實有妙處。當惠施說此詭辭時，必甚得意，故以爲「連環可解也」。而其實是一錯覺。然而亦不可因其是錯覺，便直認其爲詭辯。亦不可因此句是錯覺，便抹殺其圓圈之洞見，而認「連環可解」一句爲獨立之一事。

歷來對于此條，因爲分成三事，故向無善解：或語句雖有意義，而不相干；或語無倫次，根本不成義理；或簡直是莫知所云，有字無義。試看以下各家之解析：

a、成玄英疏「南方無窮而有窮」云：「知四方無窮，會有物也。形不盡形，色不盡色，形與色相盡也。知不窮知，物不窮物，窮（當爲知）與物相盡也。只爲無厚，故不可積也。獨言南方，舉一隅，三可知也。」此卽語無倫次，根本不成義理。

b、釋文引司馬云：「四方無窮也」。此根本未成解。引李頤云：「四方無窮，故無四方。上下皆不能處其窮，會有窮耳。」又引：「一云：知四方之無窮，是以無無窮。無窮也。（案此句似當爲「無無窮，有窮也」）。形不盡形，色不盡色，形與色相盡也，知不窮知，物不窮物，知與物相盡也。獨言南方，舉一隅也。」案此最後不知名氏之一說卽成疏之所本。卽李頤之說亦根本不成解。

c、馮友蘭云：「普通人所至之處有限，故以南方爲無窮。然此井蛙之見也。若從至大無外之觀點觀之，則南方之無窮實有窮也。」（中哲史二四九頁）。案此決非惠施說此句之原義。若如馮氏所解，則惠施似單在破斥以江南之南爲無窮者。一般人亦不至如此之愚蠢，而惠施亦何至如此之無聊！

a1、成玄英疏「今日適越而昔來」云：「夫以今望昔，所以有今。以昔望今，所以有昔。而今自非今，何能有昔？昔自非昔，豈有今哉？既其無昔無今，故曰今日適越而昔來可也。」此雖成義理，但不成解。亦不可到處用佛家破三時之觀念。此卽根本不相干。

b1、釋文解此句云：「智之適物，物之適智，形有所止，智有所行。智有所守，形有所從。故形智往來，相爲逆旅也。鑒以鑒影，而鑒亦有影。兩鑒相鑒，則重影無窮。萬物入于一智，而智無間。萬物入于一物，而物無朕（眹）。天在心中，則身在天外。心在天內，則天在心外也。遠而思親者往也。病而思親者來也。智在物爲物，物在智爲智。」此似乎有一種道理，但於解此句，完全不相干。又引司馬云：「彼日猶此日，則見此猶見彼也。則吳與越人交相見矣。」此亦根本不相干，只是亂說一氣，不成義理。

c1、馮友蘭解此句云：『秋水篇云：夏蟲不可以語于冰者，篤于時也。若知「故不暫停，忽已涉新，則天地萬物無時而不移也。」（郭象注大宗師文）。假定今日適越，明日到越，而所謂明日者，忽焉又爲過去矣。故曰：今日適越而昔來也。此條屬于詭辯。……』（中哲史二四九頁）。此用「故不暫停」，今卽是昔，作解，此顯然不成其爲解。此條固是詭辯（paradox），但不卽是詭辯（sophistic）。認其爲詭辯者，乃因以「時不暫停」作解根本不相應也。

a2、成玄英疏「連環可解也」云：「夫環之相貫，貫于空處，不貫于環也。是以兩環貫空，不相涉入，各自通轉，故可解者也。」案此將「連環」解作兩個環。「兩環貫空，不相涉入」，此自是隨便說，不成義理。

b2、釋文引司馬云：「夫物盡于形，形盡之外則非物也。連環所貫，貫于無環，非貫于環也。若兩環不相貫，則雖連環，故可解也。」此與成疏同，即成疏之所本。

c2、馮友蘭解云：『莊子齊物論曰：「其分也，成也。其成也，毀也。」「日方中方睨，物方生方死。」連環方成方毀。現爲連環，忽焉而已非連環矣。故曰：連環可解也。』（中哲史二五〇頁）。案此即莫知所云，有字無義。能解則解，置之而已。焉可隨意亂扯？

綜觀以上三條九解，無一可通。視作三事，根本非是。

四・七「我知天下之中央，燕之北，越之南是也。」案此明是圓形之宇宙。燕本在北，越本在南。若由燕向南，由越向北，則兩端相湊，即得中央。此是通常之想法。今偏不如此。不相向而湊，乃背反而馳。燕在北，即由北而北；越在南，即由南而南。若是直線則只能拉長，焉得知天下之中央？今知天下之中央在燕之北，越之南，則其爲圓形可知。此爲背反而湊，非相向而湊也。此亦「連環可解也」。

四・八「氾愛萬物，天地一體也。」惠施之思理傾向于合同異，由名理之談開拓吾人之理境，豁達吾人之心胸，嚮往于大、同、平、圓，故主「氾愛萬物，天地一體也。」此語是其名理落于人生上之綜結。此語本身並非名理。即不在「歷物之意」中。

其名理既嚮往于大、同、平、圓，故天下篇云：「惠施以此，爲大觀于天下，而曉辯者。」當時之辯者，見惠施如此，羣起響應。有隨其思理而引申者，（雖不免歧出而怪），有在對辯中而別闢思理者，此如公孫龍。因此遂有天下篇所記之怪說二十一事。

第二節 惠施與「辯者之徒」之公孫龍以及天下篇之怪說二十一事

天下篇于舉惠施「歷物之意」八事下即繼之曰：

「惠施以此爲大觀于天下，而曉辯者。天下之辯者相與樂之：

卵有毛。　　雞三足。

郢有天下。　犬可以爲羊。

馬有卵。　丁子有尾。

火不熱。　山出口。

輪不蹍地。　目不見。

指不至，至不絕。　龜長于蛇。

矩不方，規不可以爲圓。　鑿不圍枘。

飛鳥之景，未嘗動也。　鏃矢之疾，而有不行不止之時。

狗非犬。　黃馬驪牛三。

白狗黑。　孤駒未嘗有母。

一尺之捶，日取其半，萬世不竭。

辯者以此與惠施相應，終身無窮。桓團、公孫龍辯者之徒，飾人之心，易人之意，能勝人之口，不能服人之心。辯者之囿也。」

據此，惠施先以「善辯」爲大觀于天下，而「桓團、公孫龍辯者之徒」復以上列二一條與「惠施相應」。此二一條，如果都視作定然的陳述，而且都有相當的表意，則是否都可視爲桓團、公孫龍之主張，亦有問題。至少天下篇的作者已不能分別清楚，都籠統地歸屬于

「桓團、公孫龍辯者之徒」。桓團今已無可考。至于公孫龍，則似有一定之思理。此二一條似乎不可皆視爲屬于公孫龍之思理。

荀子不苟篇云：「山淵平，天地比，齊秦襲，入乎耳，出乎口，鉤有鬚，卵有毛，是說之難持者也，而惠施、鄧析能之。」荀子所舉與天下篇所列之一部相類，而歸之于惠施與鄧析。此自與鄧析無關，實則只歸諸惠施也。荀子于非十二子篇斥惠施、鄧析爲「好治怪說，玩琦辭。」然則玆不苟篇所舉以及上列二一條皆所謂「怪說琦辭」者也。荀子歸之于惠施，而天下篇則歸之于桓團、公孫龍。天下篇說「辯者以此與惠施相應，終身無窮。」但下文復說「惠施日以其知與人辯，特與天下之辯者爲怪。」辯者與惠施相應，此相應亦可是對立之應，亦可是應和之應。然則上列二一條至少有一部分，如荀子所舉者，可歸于惠施，或至少與惠施有相當之關係。惠施據上節八事觀之，自有其思理，而公孫龍據下第四節觀之，亦自有其思理。然則上列二一條可能有一部分是屬于惠施系，一部分是屬于公孫龍系。惠施之思理，可以「合同異」名之；公孫龍之思理，可以「離堅白」名之。

莊子秋水篇：「公孫龍問于魏牟曰：龍少學先王之道，長而明仁義之行。合同異，離堅白。然不然，可不可。困百家之知，窮衆口之辯。吾自以爲至達已。今吾聞莊子之言，汒然異之。不知論之不及與？知之弗若與？今吾無所開吾喙。敢問其方？公子牟隱机太息，仰天而笑曰：……且夫知不知是非之竟，而猶欲觀于莊子之言，是猶使蚊負山，商蚷馳河也。必不勝任矣。且夫知不知論極妙之言，而自適一時之利者，是非埳井之鼃與？且彼方跐黃泉，而登大皇。無南無北，奭然四解，淪(淪)于不測。無西無東，始于玄冥，反于大通。子乃規規然，而求之以察，索之以辯，是直用管闚天，用錐指地也。不亦小乎？子往矣！且子獨不聞夫壽陵餘子之學行于邯鄲與？未得國能，又失其故行矣。直匍匐而歸耳！今子不去，將忘子之故，失子之業！公孫龍口呿而不合，舌舉而不下，乃逸而走。」

自莊子觀之，惠施且不行，何況公孫龍？蓋公孫龍之思理更遠于莊子也。玆不論此。玆所欲注意者，即秋水篇之作者已籠統地將「合同異，離堅白」皆歸諸公孫龍。此自局外人籠統如此說，不注意其內部之分別。實則公孫龍只「離堅白」，並不「合同異」。「合同異」乃惠施之說也。

近人馮友蘭氏即依據此兩種思理，將天下篇所存之二十一事，重新整理，分爲兩組：

1. 卵有毛。　　2. 郢有天下。
3. 犬可以爲羊。　　4. 馬有卵。
5. 丁子有尾。　　6. 山出口。
7. 龜長于蛇。　　8. 白狗黑。

以上八條屬于「合同異」組。

1. 雞三足。　2. 火不熱。

3. 輪不蹍地。　4. 目不見。

5. 指不至，至不絕。〔一作：指不至，物不絕。〕

6. 矩不方，規不可以爲圓。　7. 鑿不圍枘。

8. 飛鳥之景未嘗動也。　9. 鏃矢之疾，而有不行不止之時。

10. 一尺之捶，日取其半，萬世不竭。　11. 狗非犬。

12. 黃馬驪牛三。　13. 孤駒未嘗有母。

以上十三條屬于「離堅白」組。（中哲史二六九頁）。

但須知此種分法亦只似乎大體有此傾向，並不能確定其盡然，亦不能確定其必然。蓋此二十一事皆是單辭孤義，並無理由。即使視爲一種陳述，而且亦認爲有相當之表意，然因不知其何所據而云然，則亦不能有確定之意義，因亦不能決定其必屬于何組也。關於此點，馮友蘭亦知之。彼曰：「辯者之書，除公孫龍子存一部分外，其餘均佚。今所知惠施及其他辯者之學說，僅莊子天下篇所舉數十事。然天下篇所舉，僅其辯論所得之斷案。至所以達此斷案之前提，則天下篇未言及之。自邏輯言，一同一之斷案，可由許多不同之前提推來。吾人若知一論辯之前提，則可推知其斷案。若僅知其斷案，則無由定其係由何前提推論而得。其可能的前提甚多故也。故嚴格言之，天下篇所舉惠施等學說數十事，對之不能作歷史的研究。蓋吾人可隨意爲此等斷案加上不同的前提而皆可通。注釋者可隨意與以解析，不易斷定何者眞合惠施等之說也。」（中哲史，二三九——二四〇頁）。

然若吾人眞能知惠施之思理是「合同異」，公孫龍之思理是「離堅白」，則對于此二一事可得一理解之線索，因而亦可增加此二一事之表意性，使之更能表意，並使其所表之意更有較確定之範圍，而不至漫蕩氾濫可完全隨意予以解析也。即如吾上節解析惠施之八事，即已含有若干標準必須遵守，有若干界線不可踰越：

1.須能相應。因原句總有相當表意，須對應原意而解析之，不能「不相干」。

2.解析語句須能表意，成義理，即成個觀念，成個說法。

3.須能就原意而完成之。

4.須明有關義理之分際，多方比論，而觀其何所是，庶免含混搖擺，似是而非。

5.可解者解，不可解者置之。不可強解，不可曲說。因原句本有根本不表意者，（惠施八事尚不見有此，下二一事中即有之），或雖有表意，而說者本人即不清楚，或有錯覺。

試本此五條界線，將天下篇怪說二一事，順馮氏之分組一一予以考察，看究竟如何。

第三節　對于「合同異」組之考察

一、先考察馮氏之說。

馮友蘭根據惠施「合同異」之思理，對于上列「合同異」組之八事，（荀子不苟篇所列之七事亦在內），作一總持之解析曰：「此皆就物之同以立論。因其所同而同之，則萬物莫不同，故此物可謂為彼，彼物可謂為此也。」（中哲史二七〇頁）。此總解若分別應用于該八事（或荀子不苟篇之七事），似乎可以成立，因而可使該類句子有一確定之意義，並可使吾人決定其屬于「合同異」組。然細察之，則又很難說。尚不可以如此籠統。蓋惠施之合同異，若眞有其眞實而確定之意義，則必有其一定之思理，而此思理並不能使吾人說「卵有毛」，「馬有卵」等等，而此等等亦並不足以明合同異也。如上節所解，吾人已知惠施之合同異是名理地談，客觀地談，而莊子之合同異則是玄理地談，亦是主觀修證地談。故前者是名理之合同異，而後者則是玄理之合同異。兩者有間，不能混同。吾人亦不能即以「因其所同而同之，則萬物莫不同」解惠施之「萬物畢同畢異」。蓋惠施說大同異，小同異，實含一如何同如何異之客觀地辯論。莊子之玄理，則不注意此客觀之如何同如何異，而是提升一層，自主觀修證上，因其同而同之，而期達到「天地與我並生，而萬物與我爲一」之渾同或玄同之境。「因其同而同之」實是一遮辭，即遮肝膽楚越差別見之異。故「因其異而異之」不是說的客觀之異，而是說的主觀之執着，主觀的差別見之異。破此執着，消此差別見，則即至渾同之一。故「因其同而同之」，亦不是說的客觀之同，而是破差別見所顯之渾同或等同，故郭象注云：「又知同之不足有，故因其所無而無之，則是非美惡莫不皆無矣。」（見上節引）。嚴格言之，此方是莊子所說之「同」。而此方是眞正之合同異，即無同無異也。此是玄理之合同異。惠施之名理尚不至此。惠施是名理地談，客觀地談：談如何異，如何同。自「天與地卑，山與澤平」言，則消除因比較而顯之高低上下等之差別，此則易與玄理同。自「日方中方睨，物方生方死」言，則消除時間之三世，生死之對待，此亦易與莊子「彼是莫得其偶」之玄理同。而大同異，小同異方面，則有問。

然不管是惠施之名理的合同異，抑或是莊子玄理之合同異，皆有其一定之思理，眞實之意義。而其中之語句可是「詭辭」，但不是「詭辯」。此種詭辭語句，無論是惠施的，或是莊子的，皆可以只是抒意語句，或明理語句，並非經驗的述事語句，或指物語句。從此種依一定之思理而形成之抒意或明理之語句，並不能使吾人落在經驗實物上說卵有毛，馬有卵，犬可以爲羊，丁子有尾，白狗黑，等語句。佛家證眞，說平等性；照俗，說差別性。證眞時，無任何相，一切皆空皆如。但照俗時，落于假名，仍不可說卵有毛，馬有卵，犬可以爲羊，等等也。卽照眞俗圓時，亦只能于一一假名皆見「實相」：色卽是空，空卽是色，而仍不能于色說「白狗黑」也。卽莊子之玄理，亦只能說「天地一指，萬物一馬」，「天地與我並生，萬物與我爲一」，而不能在經驗實物上說「犬可以爲羊」也。卽惠施之名理亦不能如此也。故此五句，很難說其屬于合同異，亦難由之以明合同異。蓋誠所謂「琦辭怪說」也。若以此怪說而明合同異，則直攪亂而已，並非眞是合同異。若以攪亂爲合同異，則只是「似是而非」之瞎說，並合同異之理境之眞實意義亦喪失。故吾不主張對此等語句加以合理的解析，最好仍保留其爲怪說琦辭而置之。

至于「山出口」，此于合同異難索解。亦可說根本不表意。原來如何，無從得知。

「郢有天下」，若謂「一攝一切」，或任一點可爲天下之中心，此亦可通。

此可謂破除空間上對待之限制所顯之合同異。

「龜長于蛇」，若謂長短乃依一標準而假立，則可通，此猶莊子所謂「天下莫大于秋毫之末，而泰山爲小；莫壽于殤子，而彭祖爲夭。」一切大小、長短比較之差別相皆可消融而化之，此亦齊是非合同異之玄理。但若直言「龜長于蛇」，則仍是不通之怪說。蓋吾人化比較之差別相可，而直言「某長于某」則不可。所斷言而顯示者，在差別相之消融，不在斷定「某長于某」也。吾如此疏導，旨在使人明了玄理之眞實意義，以及此等語句之可解不可解，可解者可通不可通，可通者可通至何程度始可謂爲屬于合同異。不可冒然視其表面之顚倒卽認爲是合同異也。蓋如此，則兩敗俱傷也。一傷玄理，二傷本身也。（所謂傷其本身卽對此等語句所加之合理解析實皆似是而非，無一可通。）

至于荀子不苟篇之七事：

「山淵平，天地比」，此與天下篇惠施八事中「天與地卑，山與澤平」同，此可通。卽泯高下之差別相。

「齊秦襲」，楊注：襲，合也。卽如此，亦不表合同異之玄理。

「入乎耳，出乎口」，如類「山出口」句，則根本不表意。

「鈎有須」，依俞樾，鈎卽「姁」之假字，老嫗也。卽如此，亦不表示合同異之玄理。與「卵有毛」等五句，同爲不可解之怪說。

嫗有鬚，卵有毛，馬有卵，丁子有尾，此四句，若視爲經驗命題，則因其不矛盾，亦是可能者。如是，則訴諸經驗，與合同異之玄理無關。

「犬可以爲羊」，如指「名無固宜」說，則是名約問題，不是合同異之玄理問題。如犬羊之實已定，則犬自是犬，羊自是羊，「犬可以爲羊」是自相矛盾者。不能由「犬可以爲羊」而明「合同異」。合同異之玄理自有其分際。

「白狗黑」亦是自相矛盾者。若因白狗之目黑，便謂爲「白狗黑」，則爲名言句法之攪亂，與合同異無關。墨辯小取篇云：「之馬之目盼，則謂之馬盼；之馬之目大，而不謂之馬大。之牛之毛黃，則謂之牛黃；之牛之毛衆，而不謂之牛衆。」正所以拆穿此種怪說也。

以上因馮友蘭之總解而一一疏導之。此下再看古解。

二、司馬彪、李頤、成玄英等之疏解。

二·一關于「卵有毛」：

a、陸德明經典釋文（下簡稱釋文）引晉人司馬彪（下簡稱司馬）曰：「胎卵之生，必有毛羽。鷄伏鵠卵，卵不爲鷄，則生類于鵠也。毛氣成毛，羽氣成羽。雖胎卵未生，而毛羽之性已著矣……。」案此言卵之潛能。卽就潛有而言有矣。然胎生者有毛，卵生者有羽。此言「卵有毛」，有羽乎？有毛乎？若解作潛能，則卵實有羽之潛能，而言「有毛」者悖矣。若不論是毛或羽，皆可統名曰毛，則「卵有毛」者實只有羽毛之潛能也。若如此，則問：說此語之目的何在？是在說明「潛能與實現」一義乎？抑在本無毛而故反之以明合同異乎？若屬前者，則有意義，不得爲怪說矣。然未能必也。若屬後者，則攪亂不足以合同異。若云非攪亂也，就現實之卵言，無毛，就潛有而言，則有毛，然則直曰卵有毛亦未謂不可也。若如此，則仍是引進潛能現實之義以明之，而此並非合同異之玄理也。

b、成玄英疏云（郭象無注）：「有無二名，咸歸虛寂。俗情執見，謂卵無毛。名謂既空，有毛可也。」案如此破執照玄，既不合佛，亦不合道。名謂雖空，然落于假名內，仍不得謂「卵有毛」也。空者、自性空。「不有不無」之玄理非能使吾人說「卵有毛」也。如此注釋，直成大攪亂。

二·二關于「郢有天下」：

a、釋文引李頤云：「九州之內于宇宙之中，未萬中之一分也。故舉天下者，以喻盡而名，大夫非大。若各指其所有，而言其未足，雖郢方千里，亦可有天下也。」案此是破除空間比較所成之限制。此可象徵「合同異」之義。

b、成玄英疏云：「夫物之所居，皆有四方。是以燕北越南，可謂天中。故楚都于郢，地方千里，何妨卽天下者耶？」案此卽任一點可爲天下之中心，任一中心可函攝一窮盡無漏之圓圈（卽天下）。此窮盡無漏之圓圈之天下義自無關于政治統治之天下義。如此，說郢有天下，亦無不可。此條大體皆從此解，無甚問題。

二·三關于「犬可以爲羊」：

a、釋文引司馬云：「名以名物，而非物也。犬羊之名，非犬羊也。非羊，可以名爲羊，則犬可以名羊。……故形在于物，名在于人。」案此卽命名之無固宜。此理不怪，然因此而直陳曰：「犬可以爲羊」，則怪。亦無關于合同異。

b、成疏云：「名無得物之功，物無應名之實。名實不定，可呼犬爲羊。……故形在于物，名在于人也。」案成疏與司馬同，而改其頭兩句。頭兩句「名無得物之功，物無應名之實」乃僧肇「不眞空論」中語。以此兩語爲根據明「可呼犬爲羊」，乃爲極失理統者。故僧肇說此，乃極順適而如理，而成疏引之，則爲不倫不類者（失義）。

二·四關于「馬有卵」：

a、釋文引李云：「形之所託，名之所寄，皆假耳，非眞也。故犬羊無定名，胎卵無定形。故鳥可以有胎，馬可以有卵也。」案不可因名無固宜卽謂「鳥可以有胎，馬可以有卵也」。亦不可因無定名卽謂物無定形也。佛家言假名，亦不謂「馬可以有卵」也。不可濫用「假名」義，「名無固宜」義，以文飾怪說。盖如此，則旣亂眞，亦使其所文飾者無義理之眞實。（卽不成義理）。

b、成疏云：「夫胎卵濕化，人情分別。以道觀者，未始不同。鳥卵旣有毛，獸胎何妨名卵耶？」案亦不可濫用「虛妄分別」義以明「馬可以有卵」也。以道觀者，天地一指，萬物一馬，然不因此便謂「馬有卵」也。

二・五關于「丁子有尾」：

a、釋文引李云：「夫萬物無定形，形無定稱。在上爲首，在下爲尾。世、人、爲右行，曲波爲尾。今丁、子、二字，雖左行、曲波亦是尾也。」案此解丁子是指字體說，故視爲二字。波，磔義，卽書法所謂波磔。今亦謂之捺。如世、人二字，最後一筆向右曲斜，丁、子二字，最後一筆向左曲勾。此指最後一筆之曲屈言，故曰「曲波爲尾」。此解顯然非是。

b、成疏云：「楚人呼蝦蟆爲丁子也。夫蝦蟆無尾，天下共知。此蓋物情，非關至理。以道觀之者，無體非無。非無，尙得稱無，何妨非有可名尾也？」案非有非無之玄理不指有尾無尾言也。亦不函無尾者可以說有尾也。此種文飾皆不成義理。

二·六關于「山出口」：

a、釋文引司馬云：「形聲氣色，合而成物。律呂以聲兼形，元黃以色兼質。呼于一山，一山皆應。一山之聲入于耳，形與聲並行。是山猶有口也。」案此解語意不通。「一山之聲入于耳，形與聲並行」，此只表示形聲不相外，（相盈），何能推至「山有口」耶？

b、成疏：「山本無名，山名出自人口。在山既爾，萬法皆然也。」案此以「山名出自人口」解「山出口」，此與普通所意謂者完全相反。此句語意究何所指乎？無能定也。

二·七關于「龜長于蛇」：

a、釋文引司馬云：「蛇形雖長，而命不久。龜形雖短，而命甚長。」案此捨形而言命，恐非原意。

b、成疏：「夫長短相形，則無長無短。謂蛇長龜短，乃是物之滯情。今欲遣此昏迷，故云龜長于蛇也。」案此若破除長短之差別相，則猶莊子所謂「天下莫大于秋毫之末，而泰山爲小」，可通。但直陳曰：「龜長于蛇」，則仍是怪說。

此句因有莊子之齊是非爲背景，故易說得通。此句若視爲經驗命題，則龜長于蛇，蛇短于龜，皆是可能的，雖不必是現實的。此則有名理之意義。「卵有毛，馬有卵，丁子有尾，姁有須」四句亦然。但出此怪說者，其背後之義理根據究是合同異乎？抑是經驗命題之不矛盾卽爲可能乎？中國思理中雖無綜和命題分析命題之說，然天下怪現象甚多，所謂無奇不有，則說「卵有毛」亦並非邏輯上不可能者，而辯者之精察就「無奇不有」之觀念而說「卵有毛」亦非決定不可者。但因惠施與莊子相契接，而傳統思想之氣氛又皆向合同異趨，故解此諸怪說之義理根據皆在合同異也。

二·八關于「白狗黑」：

a、釋文引司馬云：「狗之目眇，謂之眇狗。狗之目大，不曰大狗。此乃一是一非。然則白狗黑目，亦可爲黑狗。」案「一是一非」例，取自墨辯小取篇。既知一是一非，一可說一不可說，則白狗不因目黑卽可謂爲黑狗也。小取篇正以此明辭義之不可亂，而司馬竟引之以推「白狗黑目，亦可爲黑狗」，豈非誖乎？

b、成疏：「夫名謂不實，形色皆空。欲反執情，指白爲黑也。」案不能因「執情」即可「指白為黑」。

案以上八句，吾可重新整列如下：

Ⅰ卵有毛，馬有卵，丁子有尾，龜長于蛇：此四句為一組。

Ⅱ犬可以為羊，白狗黑：此兩句為一組。

Ⅲ郢有天下，山出口：此兩句為一組。

關于Ⅰ組，其義理根據不外⑴合同異，⑵經驗命題不矛盾即為可能。以前無向⑵想者。就「合同異」想，其所根據之觀念不外：⑴名無固宜，物無定形；⑵虛妄分別，執而無實。名無固宜不函物無定形。前者可，後者不可。前者雖可，但不能因「名無固宜」即可合同異。故此義是不相干者。「物無定形」，若解為某形之如此或不如此皆無必然，（無邏輯上之必然性），則即歸于「經驗命題不矛盾即為可能」一義，而此亦與合同異無關。如是，「合同異」一義之成立，必只有兩面：一是惠施名理之合同異，此是名理地說，亦是客觀地說。二是莊子玄理之合同異，此是主觀地說，亦是修證地說。成玄英自「虛妄分別，執而無實」說，是屬此主觀地說。兩者皆可以成就「合同異」之思理。然須知此種思理皆只是超越之玄意，或由破執而顯之清淨如如之心境，或由萬物為一而顯之渾同，然皆不能使吾人落于經驗對象上隨便顛倒經驗對象之特殊內容，而亦不能由此以明合同異也。超越之玄意乃無涉于經驗對象之特殊內容者。兩者間有一距離，不能將此玄意應用經驗對象上隨便顚倒之以爲合同異也。若如此，則正是攪亂，既喪失玄理之眞實義，亦使對于經驗對象之隨便顚倒之解析爲不成義理，所謂兩敗俱傷也。玄意是玄意，而I組之四句卻正是落于經驗對象上而隨便顚倒其特殊內容也。故所有解說皆不成義理，此眞所謂戲論也。若謂此卽是合同異，則並合同異之眞實義亦喪失。故莊子之齊是非可以暢達無碍，惠施之名理亦可自然向玄理趨，而此四句則終不免于爲怪說也。

II組中「犬可以爲羊」，如犬羊物類定義已成，則此句爲自相矛盾。如言犬不定什麼時候在偶然世界中可以變成羊形，則此說亦是可能的。但此無與于合同異。若說名無固宜，呼犬呼羊皆無不可，則此義亦無與于合同異。而且名以定實，命名雖無固宜，但既如此命名以後，約定俗成，則于說犬時，捨名取實，而于實仍不可以說犬爲羊。故此怪說總與合同異無關。「白狗黑」亦如此，見上解。

III組中「山出口」一句不表意，不能瞎猜。「郢有天下」，一義，卽取消政治空間之限制，任一點爲中心皆可函攝一窮盡無漏之圓圈，此可表象空間方面之「合同異」。

綜上以觀，則似只有「郢有天下」一句容易表示合同異。其次「龜長于蛇」一句，若以莊子爲背景，（理解上），從破除長短之對待說，亦可指向合同異。除此兩句以外，其餘皆無合理而成義理之解析，故終于爲怪說也。從此亦可得一理解合同異之消息，卽合同異必從破除一切對待限制所成之差別相而顯：時間、空間、大小、長短、高下、乃至是非、善惡、美醜諸價值觀念之對待，皆可成一虛妄之差別相，亦卽皆可成一主觀之執着，故破除之而後渾同之一見。然須知此種種對待之差別相皆是因比較而顯的屬于關係之虛概念，（甚至同異亦是屬于關係之虛概念），故合同異只能在破除虛概念上顯，而不能在存在之經驗對象之特殊內容上施以隨便之顚倒而顯。「郢有天下」之所以可通，正因其表示空間對待之破除也。（根據惠施「我知天下之中央，燕之北，越之南是也」一義而說）。「龜長于蛇」之所以勉強可通，正因其所說乃龜蛇間之長短關係也。其餘則卽無可解矣。

揆其餘諸句之怪說亦不必卽是惠施之所執。乃因惠施「爲大觀于天下，而曉辯者，天下之辯者相與樂之」，遂于承風接響之間有許多怪說出現，惠施有大名于天下，遂皆歸之惠施矣。所謂「惠施日以其知與人辯，特與天下之辯者爲怪」是也。實則此怪不必皆出之惠施也。而揆之惠施「歷物之意」之八事，可知惠施自有其思理，並不怪也。

馮友蘭之所以列上八句爲合同異組，亦只恍惚見其似如此。卽其氣氛之傾向似乎是如此。實按之，除「郢有天下」，「龜長于蛇」兩句外，其餘皆不足以明合同異也。吾以上之疏解不在想對于此諸怪說提出新解析，乃在明以往一切向合同異一路所作之解析無一而可成義理，並進而明此諸怪說不必想與以合理之解析，留其爲怪說之姿態可矣。（若以經驗命題視之，則不矛盾卽爲可能，此則不怪。此是一有名理意義之新解析。但此恐不在以往辯者之思理中。）

第四節　對于「離堅白」組之考察

天下篇怪說二一事，除上節所討論之八事似乎屬于「合同異」組外，尚有十三事似乎也可以劃歸于「離堅白」組。「離堅白」是公孫龍之主張，大意是堅白不相盈，相外，堅與白是兩個獨立之概念，可以離而自存自有，各有其獨立之自性。此是離堅白說所透露之思理。假定以此思理爲原則，再反觀天下篇怪說二一事中所餘之十三事，吾人覺其與此思理有相類處，因此遂可以約束之于一起而成爲一組，名曰「離堅白」組。吾人玆可考察之，看其如何。

一、關於「火不熱」：

a、釋文引司馬云：「木生于水，火生于木。木以水潤，火以木光。金寒于水，而熱于火；而寒熱相兼無窮，水火之性有盡。謂火熱水寒是偏舉也。偏舉，則水熱火寒可也。一云：猶金木加于人，有楚痛。楚痛發于人，而金木非楚痛也。如處火之鳥，火生之蟲，則火不熱也。」案司馬彪云：「寒熱相兼無窮」，其意是在參伍錯綜種種條件制約之下，火亦可不熱，水亦可不寒。此非「火不熱」一句直接所表之意，亦非屬于「離堅白」所函蘊之思理，故此說非是，而「一云」之說是也。

b、成疏云：「火熱水冷，起自物情。據理觀之，非冷非熱。何者？南方有食火之獸，聖人則入水不濡。以此而言，固非冷熱也。又譬杖加于體，而痛發于人，人痛，杖不痛。亦猶火加體，而熱發于人，人熱火不熱也。」案成疏是也。「火不熱」即表示「熱」不是火之屬性，乃是人之感覺，如冷與痛等皆然。熱既不是火之屬性，則熱與火當然離，各是一獨立之概念，獨立之「存有」。

c、近人馮友蘭曰：「此條若從形上學方面立論，則火之共相爲火，熱之共相爲熱，二者絕對非一。具體的火雖有熱之性質，而火非卽是熱。若從知識論方面立論，則可謂火之熱乃由于吾人之感覺。熱是主觀的，在我而不在火。」（中哲史二七二頁）。案此後一義是。前一義措辭不妥，若照「火不熱」之句意言，不惟不妥，亦可說非是。蓋「火不熱」並不表示火之共相與熱之共相不等，所謂「絕對非一」也。此句中「不」字所含之是與不是，不是等與不等義。與「白馬非馬」中「非」

字所含之是與不是，意義不同。此句中「不」字所含之「是」與「不是」是表示「內容的論謂」(intensional predication)，而「白馬非馬」中之「非」字所含之是與不是，是表示類屬關係 (class-membeship)：「是」表示「屬于」，「不是」表示「不屬于」，而在屬于情況下，說「白馬非馬」，此「非」字卽「不等」義。(當然在「不屬于」情形下，兩概念自不相等)。而「火不熱」一句，其直接所表示的是：熱不是火之屬性，故不能解爲熱不等于火也。當然火旣與熱離，各是一獨立之存有，則兩者自亦不相等：但此是另一義，不是「火不熱」一句之直接原意(本義)。又馮氏云：「具體的火雖有熱之性質，而火非卽是熱」。此皆未能明徹，故迂曲糾結而不直截。若承認具體的火有熱之性質，此卽是「火熱」矣，而「火熱」卻正是此句之所否定者。結果，馮氏之解析是承認火熱，此乃直接與原句相違者，故只好以火不等于熱(火非卽是熱)解「火不熱」。結果乃成：火熱，而火不等于熱；可是原句的意思乃是：火不熱，火與熱離，故亦可說火不等于熱。

二、關于「目不見」：

a、釋文引司馬云：「……目不夜見，非暗。晝見、非明。有假也。所以見者明也。目不假光，而後明無以見光。〔「而後」字，于句法不通〕。故目之于物，未嘗有見也。」案此解亦是。

b、成疏云：「夫目之見物，必待于緣。緣既體空，故知目不能見之者也。」案此依佛家義解析，大體亦通。此句之意只是：目之成見待許多條件，單一條件本身皆不能成見，目亦是條件之一，故單是目亦不能見。依佛家義乃是：目之成見待緣而成，每一緣自身皆不成見。緣會，則幻成見；緣離，則見滅。見無自性，不可理解。並非「緣體既空，故知目不能見」也。緣體雖空，而衆緣和合，仍幻成見。惟緣離，單目不能成見也。

c、馮友蘭云：『目不見者，公孫龍子堅白論云：「白以目以火見，而火不見；則火與目不見，而神見；神不見而見離。」吾人之能有見，須有目及光及神經作用。有此三者，吾人方能有見。若只目，則不能見也。』（中哲史二七三頁）案此解是，引堅白論中語作證尤明。

三、關于「矩不方，規不可以爲圓」：

a、釋文引司馬云：「矩雖爲方，而非方；規雖爲圓，而非圓。譬繩爲直，而非直也。」案此解是。「矩雖爲方」之「爲」是「成爲」或「作成」義，非「是」義。「爲圓」、「爲直」之「爲」亦同。此言雖可由矩而作成方物，而「矩」究亦非

「方」之自身也。雖可由規而畫成圓物，而「規」究亦非「圓」之自身也。猶之乎雖可由繩而把物拉直，而繩亦非「直」之自身也。在此種解析中，有三個概念出現：⑴矩，⑵由矩而成之「方者」，⑶方之自身。由矩而成之「方者」固是具體之方物，卽「矩」本身亦是具體物。惟「方」之自身方是眞正的方，依柏拉圖，此卽方之理或方性也。依此言之，具體物之矩自不卽是方，亦自不能至于「方之理」之程度，卽方不到家，而卽可謂不是方。「矩不方」之「不」字含有兩義：⑴不等，⑵方不到家卽可不是方，此卽「不是」義。兩義皆可說。「規不可以爲圓」言畫成圓形所藉之圓規並不可認爲卽是「圓」之自身。

b、成疏云：「夫規圓矩方，其來久矣。而名謂不定，方圓無實，故不可也。」案此解不相干，只是浮辭。

四、關于「鑿不圍枘」：

a、釋文引司馬云：「鑿枘異質，合爲一形。枘積于鑿，則鑿枘異圍。鑿枘異圍，是不相圍也。」案此解亦通，卽各是各，兩不相涉義。

b、成疏云：「鑿者孔也。枘者內孔中之木也。然枘入鑿中，木穿空處，兩不關涉，故不能圍。此猶連環可解義也。」案此解亦是。惟末句不相干。惠施「連環可解也」

一句並非獨立一事。解見惠施八事節。（第一節）。

c、馮友蘭云：「鑿不圍枘者，圍枘者事實上個體之鑿耳。至于鑿之共相，則不圍枘也。」案馮氏此解太呆滯，以至于不成義理。機械地固執一共相之觀念到處死用，而不知其不成辭也。鑿不圍枘，只是兩物之各自是其所是，拆穿其虛的關係，固是「離」之思理也。此含有一種各物自存自是之體性學或存有論的洞見。「離堅白」之說卽由此洞見而成。焉可動輒以柏拉圖之原本與倣本之關係「或共相與具體物之關係」以解之？

五、關于「指不至，至不絕」：

案此句頗不好解。釋文引司馬彪之說及成疏，「指」皆作以手指物之指，是則指爲動詞，而對于「不至」、「不絕」皆講不通，其所說皆不成義理。茲略而不引。如以公孫龍指物論篇爲準，則「指」似乎不是動詞，而是名詞，卽意旨之指，指代表「意義」或「概念」。卽有動詞意，亦是「指謂」之指，卽指而謂之，此卽著重「謂」，卽敍述詞之意，而敍述之詞皆是一概念，一意義。指物論全篇甚隱晦，幾乎不表意，極難索解。馮友蘭卽視「指」爲共相（意義、概念），指物論卽論共相與具體物之關係。如此似乎開一索解之線索。今假定此說大體不誤，卽以指物論之指而看此句，如是此句究如何解析始可通其意？此句似乎是如此：以一概念來指謂（論謂）一存在物，此概念與存在物之間似乎總有一點距離，而不能即至于物，即不能貼體落實而與物爲冥合無間；即至于物矣，而亦不能盡。截然而止謂之「絕」。不絕者，即不能截然而止之謂。此似乎說一概念即至于物矣，亦不能盡其意，似乎總有餘蘊不盡。如此解而信，則說此句之人似乎對于概念與存在之間有一種分別。來布尼玆（Leibniz）說一個體物是無窮的複雜。其所以爲無窮的複雜，正因其是「存在」。如抽象地單看其「本質」（essence），則不是無窮的複雜。如是，本質（概念）與存在間自有一種距離，此爲西方哲學所雅言。難說「離堅白」系的辯者對于存在與概念即無一種存有論的洞見也，而「指不至，至不絕」亦正表示存在物與概念間之「離」也。

馮友蘭根據其對于指物論篇之理解，將此句中「至不絕」改爲「物不絕」。其證據是列子仲尼篇引公孫龍云：「有指不至，有物不絕」。如是「指不至，至不絕」乃成爲「指不至，物不絕。」蓋「公孫龍之徒以指物對擧，如公孫龍子指物論所說。柏拉圖謂概念可知而不可見。蓋吾人感覺者乃個體，至共相只能知之而不能感覺之，故曰：指不至也。共相雖不可感覺，而共相所與現于時空之物，則繼續常有，故曰：物不絕。」（中哲史二七三頁）。如是，「指不至」乃成爲「共相不可感覺」，卽吾人之感官不能感覺之。但雖不可感覺，而可知之，是仍可「至」也。焉得謂決定不可至耶？豈必限于感覺之，始可云「至」耶？故此解不可通。至于「物不絕」，則解爲「共相所與現于時空之物，則繼續常有」。此眞能繼續常有乎？有一具體物，必有其所以爲物之理，但有此理不函必有表現此理之具體物。是則物未必不絕矣。物之絕不絕，共相不能負責任。共相亦不必參與具體物而現于時空之內。故此解亦不可通。若如此解，則「指不至，物不絕」一句乃全成爲莫名其妙之不相干之觀念之雜湊。何以忽爾說一個「共相不可感覺」之觀念，忽爾又說一個「物繼續常有」之觀念？此乃全無思路者。（指不至，解爲不可感覺，卽全無思路）。是故列子所引不可爲憑。反不如今本莊子所保存之「指不至，至不絕」爲較有思理也。

又世說新語文學篇第四云：「客問樂令（樂廣）旨不至者。樂亦不復剖析文句，直以麈尾柄確几曰：至不？客曰：至。樂因又舉麈尾曰：若至者，那得去？於是客乃悟服。樂辭約而旨達，皆此類。」案此解「不至」是從運動上之至不至說，只解至不至義，「指」反成爲不相干者。此雖無當于此句之本意，然于至不至，卻較順適；而應用于運動上尤見理趣。故劉孝標于世說新語此條下注之曰：「夫載舟潛往，交臂恒謝。一息不留，忽焉生滅。故飛鳥之影，莫見其移；馳車之輪，曾不掩地。是以去不去矣，庸有至乎？至不至矣，庸有去乎？然則前至不異後至，至名所以生；前去不異後去，去名所以立。今天下無去矣，而去者非假哉？既爲假矣，而至者豈實哉？」此卽從至變之立場以明來去之不可能也。來（至）去不可能，卽動不可能，而來者去者亦假而無實矣。是卽至動卽至靜，而動相不可得也。由此，吾人可過渡到下四條之考察。

六、關于「輪不蹍地」：

a、成疏云：「夫車之運動，輪轉不停。前迹已過，後塗未至。除卻前後，更無蹍時。是以輪雖運行，竟不蹍于地也。猶肇論云：旋風（嵐）偃嶽而常靜，江河競注而不流。野馬飄鼓而不動，日月歷天而不周。復何怪哉！復何怪哉！」案成疏完全以僧肇「物不遷論」之義解之。上條樂廣談「不至」，劉孝標注亦是取「不遷」義以解之。「藏舟潛往」，事見莊子大宗師篇云：「夫藏舟于壑，藏山于澤，謂之固矣。然而夜半有力者負之而走，昧者不知也。若夫藏天下于天下，而不得所遯，是恒物之大情也。」「交臂恒謝」，言交臂失之；新陳代謝，恒不留住也。事見莊子田子方篇，孔子語顏回曰：「吾終身與汝交一臂而失之，可不哀與！」藏舟潛往，交臂恒謝，皆言至變，而卽于至變中明無來無去，至靜不動之理。僧肇卽于此言「物不遷」。物不遷之主要意思卽在「不馳騁于古今」，「各性住于一世」兩語。「昔物自在昔，不從今以至昔。今物自在今，不從昔以至今。」「今而無古，以知不來。古而無今，以知不去。若古不至今，今亦不至古。事各性住于一世，有何物而可去來？」此卽至變不變之大意也。此中自有一種「存有如如」之直覺，（此亦是存有論之洞見）。過去、現在、未來，謂之三世。細分之，有九世。再細分之，可有無窮世。此中卽函無「世」可得，無刹那（瞬）可得。惟僧肇言不遷，並非「釋動以求靜」，乃「求靜于諸動」。「必求靜于諸動，故雖動而常靜。不釋動以求靜，故雖靜不離動。」此雖直下如如，而實以「辯證之詭辭」以通之。自「直下如如」言，「各性住于一世」。自「不釋動以求靜」言，則雖靜不離動，此是辯證之圓慧。吾人尚不能以如此之玄義解「輪不蹍地」。成疏亦只能粗略地以「前迹已過，後塗未至，除卻前後，更無蹍時」解之。此實以「刹那至變，而並無刹那可得」解之，此卽函有一無窮之分析。揆當時辯者之說「輪不蹍地」，並貫下三條而觀之，似是偏于「釋動以求靜」之方式。此中亦自含有一種直覺。但不必像僧肇那樣圓通。（僧肇雖云：「各性住于一世」，藉「世」之觀念以表示其「當體卽如」之直覺，然在其「當體卽如」之圓慧中，亦並無「世」可得，甚至超越一切時間之形式。）

輪之轉也，雖至動，然「一息不留，忽焉生滅」，則「瞬」（刹那）不能成立。瞬不可得，來去亦不可能。是卽至動變成至靜之存有（being）。時間相之「瞬」不可得，則空間相之「點」亦不可得，是卽時間空間不能有一一相應之關係。此關係建立不起，則輪固不動，而「蹍地」亦不可說矣。此是此語之較爲切實可理解之解析，雖稍嫌滯笨，不如僧肇之圓融，然較合「離堅白」之思路。

b、釋文引司馬云：「地平輪圓，則輪之所行者跡也。」案此不能成解。

c、馮友蘭云：「輪不輾地者，輪之所輾者，地之一小部份耳。地之一部分非地，猶之白馬非馬。亦可謂：輾地之輪，乃具體的輪；其所輾之地，乃具體的地。至于輪之共相則不輾地；而地之共相，亦不爲輪所輾也。」（中哲史二七三頁）。案此兩說，皆不成解。空間之全體與部分，不能以「白馬非馬」比。馬與白馬有內容外延之別，而空間之全體與部份（whole and parts）無內容外延之問題。輪蹍一小部分，（蹍馮書皆寫作輾），卽蹍一小部分之地。焉得謂爲「不蹍地」？又，共相根本無所謂動，既無所謂動，自亦無所謂蹍不蹍。說「共相不蹍地」乃無意義者。原句「輪不蹍地」必牽涉其「動」言。「動而不蹍」始成一自常識觀之爲怪之觀念，因而成一需有理由以解之之義理。若謂「輪之共相不蹍」，則根本不函動，乃成廢辭耳。「具體的輪蹍地」，是一事實命題，是則承認「輪蹍地」，而與「輪不蹍地」根本相違，而亦對于「輪不蹍地」根本未有解釋也。馮氏本無「存有論之直覺」，只知執一死觀念作機械地形式地死套。故不成義理也。

七、關于「飛鳥之景，未嘗動也」：

a、成疏云：『過去已滅，未來未至。過未之外，更無飛時。唯鳥與影，嶷然不動。是知世間，卽體皆寂。故論（僧肇物不遷論）云：「然則四象風馳，璇璣電捲，得意毫微，雖遷不轉。」（當作「雖速而不轉」）。所謂物不遷者也。』案此解與上條全同。不但影不動，卽鳥與影俱不動。若只說影不動，則並不怪。若飛鳥動，而飛鳥之「影」不動，亦並不怪。惟飛之鳥，連同其動影，一起不動，則始與常識相違，而被認爲怪說。實則並不怪，有其可通之理。鳥飛過去。其影亦隨之而移動過去。于此言不動，決不單指影本身說，必連帶飛鳥說。若承認飛鳥是動，而只于影本身說不動，則實亦是可說之事實而並不爲怪。因爲影並不是一實物，說它本身不會動，自是可以。而其動者，實不是它本身會動，只是因飛鳥之動而有不同之影（隨時空不同而移徙）連續出現而已。動在鳥，而不在影也。若如此，則說「影不動」是一事實命題，卽指陳一實然之事實，而並不算怪。此恐非此句之本意。故此否定影之動，實卽否定飛鳥之動也。如此方有思理。如能明飛鳥之動而實無動可言，則其影子之移徙之動自亦無可言矣。此實類于希臘伊里亞派之芝諾（Zeno）以無窮分析明運動不可能也。故成疏俱以三時不可得明之。時間關係建立不起，則與之相應之空間關係亦建立不起。如是，焉有運動可言？凡明運動不可能者，基本關鍵卽在拆除時空之架格。依中國心靈之玄思言，凡拆除時間相與空間相者卽無動靜可言，故云「當體卽寂」也。言當體卽寂實含一超越心境之泯絕時空相。故惠能云：「不是風動，不是旛動，仁者心動。」心若一止，則一切皆止。超越時空相，雖動而常靜。其實亦無動亦無靜，連靜亦不可言，而只是「如如之存有」也。（依佛家言，只是如如之空。此說「如如之存有」是邏輯地說，無任何內容之顏色，卽眞如，實相，亦是「存有」。）今若捨主觀修證之牽連不言，只從純理上說「不動」，則只是拆除時空之關係。

b、釋文引司馬云：「鳥之蔽光，猶魚之蔽水。魚動蔽水，而水不動。鳥動影生，影生光亡。亡非往，生非來。墨子曰：「影不徙也。」案此從一物之蔽光成影言。蔽光，光非亡也。只是隱而不顯耳。非亡，故亦無所謂往 。（無動意）。光既無所謂動而往，則因蔽而生之影自亦無所謂動而來也。只從蔽言，則所牽連之光與影自不函有動意。但如此，則不必說「鳥動影生」，卽不動，亦可蔽而成影。無論動與不動，其由蔽而牽涉到之光與影皆不函有動意也。蓋蔽之關係爲靜的關係也。但此解恐非原意。因對一本無動意者而說其不動，乃是一就實論實之事實命題，並非怪也。而原句之本意乃實就動而言其不動耳。動亦非單就影本身說，實並鳥動而言之也。若捨鳥動不言，只就蔽而言影本身，則動者仍承認其動，而無所謂動者卽言其不動，則皆爲一事實之指出，根本不是一解析也。

c、墨辯經下云：「景不徙，說在改爲」。經說下云：「景、光至景亡。若在，盡古息。」司馬彪已引及此語以明飛鳥之影不動。馮友蘭駁之曰：「說者皆以爲此卽莊子天下篇飛鳥之影未嘗動也之意。其實天下篇所說，乃飛鳥之影，此則但爲影。謂飛鳥之影不動，乃與常識相違之說；謂影不徙，則否。譬如一日規上指午時之影，吾人皆知其爲非指巳時之影。何者？生此影之針不動，故其影亦不動。指巳時之影，因光至而亡。指午時之影，乃新生之影也。指巳時之影，若在，當盡古停留，因其本爲一不動之影也。若飛鳥之影，本爲動影，故與此絕不相同。」（中哲史三四〇頁）。案此分別實不成立，乃係一錯覺。若從實物之蔽言，無論光與景皆不函有動意。實物無論動與靜，其蔽皆然。飛鳥之影亦非動影，鳥動而影根本無所謂動。若單從影本身說皆可謂不動也。日規之指針不動，而影之不動則非因指針不動而爲不動也。影本身根本不會動，其不動與實物之動靜無關也。若謂其不動乃因指針不動而爲不動，則豈不可說因日光之動而又爲動也？太陽之光有移動，指針雖不動，而其影卻隨光之動而有不同之位置（卽移徙）。此豈非亦爲動影耶？實物動，影可隨之動，實物不動，影可隨光之動而動。如是，若說動，皆爲動；若說不動，皆爲不動。如實言之，影本身皆無所謂動也。豈有動影與靜影之別乎？動影卽動的實物所照之影，靜影實卽不動的實物所照之影，動靜在物，而影本身皆無所謂動也。惟墨經說「影不徙」，單就影本身說。其不徙、誠爲不徙也。故爲事實命題。而天下篇之怪說，則實連飛鳥而言之，意在否定飛鳥之動也。故鳥動與影分說，動者承認其動，而影本身之無所謂動者承認其不動，不算是該句之解析也。若就影本身言，飛鳥之影與指針之影同也。對指針言爲不動，對日光言，豈不爲動耶？故馮氏之分別實無謂。而墨經能照察出無論對指針言或對日光言，影本身皆無所謂動，此是依分解而指陳一事實，故不違常識，常識不以爲怪；而「飛鳥之影未嘗動也」，則實不單就影本身說，乃並鳥動而言之，意在就動而明其不動，故常識始認其爲怪也。故分開言之，動者歸動，不動者歸不動，不算是該句之有意義的解析也。故成玄英之疏，劉孝標之注，皆由至變而不能建立三時以明動不可能，乃爲一恰當相應之思路，如是方能獲得一恰當相應之解析。

八、關于「鏃矢之疾，而有不行不止之時」：

a、成疏云：「鏃，矢端也。夫機發雖速，不離三時。無異輪行，何殊鳥影？既不蹍不動，鏃矢豈有止有行？亦如利刀割三條絲，其中亦有過去未來見在之者也？」案此解卽明此條與上兩條意義全同。（惟疏中末句辭意不甚合，可略之）。「不行不止」，不行卽不動，不止卽不靜，卽表示雖如鏃矢之速疾，亦實無所謂動與不動，卽根本無所謂動也。此句顯然是對速疾之動而明其實爲不動。不是明其有不動時，亦有動時也。亦不是明其就某方面言爲動，就某方面言爲不動也。若如此，則是兩個不同事相之指陳，亦不需要解析矣。

b、釋文引司馬云：「形分止，勢分行。形分明者，行遲；勢分明者，行疾。目明無形分，無所止，則其疾無間。矢疾而有間者，中有止也。質薄而可離，中有無及者也。」案此解「目明」以下，觀念雜亂，語意不淸。若無脫誤，何忽引出許多歧義而又無一淸楚者耶？故「目明」以下可略而不論。就首數語言之，則是顯然將一物分爲形分與勢分。就形分言，爲止。就勢分言，爲動。此種由分屬以言動與不動，顯非原句之意。

c、馮友蘭曰：「謂鏃矢之疾而有不行不止之時者，兼就其形分與勢分而言也。（案此承上司馬之說而言者）。亦可謂：動而有行有止者，事實上之個體的飛矢及飛鳥之影耳。若飛矢及飛鳥之影之共相，則不動而無行無止，與一切共相同也。（案此不成解）。亦可謂：一物于一時間內在兩點謂爲動。（案此句不通。一物不能于同一時間佔兩點）。一物于兩時間內在一點謂爲止。一物于一時間內在一點謂爲不動不止。謂飛鳥之影未嘗動也者，就飛鳥之影不於一時間內在兩點而言也。謂鏃矢之疾而有不行不止之時者，就飛矢之于一時間內在一點而言也。……」（中哲史，二七四頁）。案此後一說無謂煩瑣。所謂動必歷一時間過程，經一空間距離。若此時間過程能分成瞬（instant），因而能建立起一時間過程，空間距離能分成點（point），因而能建立起一空間距離，則運動卽可能。然而在分成瞬時，卽函一無窮之分割，而無窮之分割實建立不起瞬，因而亦建立不起一時間歷程，空間方面亦如此，如是點與瞬俱建立不起，時間歷程（或關係）與空間距離（或關係）亦建立不起，如是則運動卽不可能。故雖至動而實一至靜之存有。所謂飛矢之疾不行不止，實卽飛矢之疾根本無所謂動與靜也。有動與靜，動可能，靜亦可能：經歷一段時間，經過一段距離，卽是有動有止。而所謂不行不止實卽根本否定動之可能也。馮解中[illegible][illegible]末一義，只「一物于一時間內在一點謂爲不動不止」一句爲有相應之意義。實則此語並未完成，其所函之意是如此：若連續地于一時間內在一點，則有一瞬之系列與一點之系列，如是則有動有止，動爲可能；若是瞬與點爲無窮的連續，則瞬中有瞬，點中有點，永遠分下去，卽無停止，則瞬與點卽建立不起，時間歷程與空間距離亦建立不起，如是則無動無止，動不可能。故動之是否可能，若不從物理的動力方面想，單從表象運動之時空條件方面想，則關鍵卽在時空關係之能否建立起。而時空關係之能否建立，則單視是否是一無窮之分割。如果是，則運動不可能。如果不是，則可能。如果單從時空條件方面想，則無理由于瞬點之分割可以停止也。當時辯者于動而謂爲不動，實含有一無窮分割之思想。「一息不留，忽然生滅」云云，此說之直接意義卽是至變卽可轉成不變，此雖是不動之具體的表示，似不同于無窮分割之抽象的表示，然其中實自然函有一無窮分割之抽象的表示。當時辯者之思路究傾向于那一面，現難斷定，也許兩者俱有而易傾向于無窮之分割。觀下條可知。

九、關于「一尺之捶，日取其半，萬世不竭」：

此顯然是一無窮之分割。此當然是將一量度抽象化而視爲一數學量。但此抽象化亦同樣可應用于時間與空間。此運動不可能之問題發生于中國之辯者，亦發生于希臘之伊里亞派。此問題入近世以來，並非不可解決。此須別論。然當時之辯者能思及此，自有其思理。而公孫龍系之說此義，亦可謂于運動方面表示「離堅白」所透露之「存有」理境也。

成疏：「……問曰：一尺之杖，今朝折半，逮乎後夕，五寸存焉。兩日之間，捶當窮盡。此事顯著，豈不竭之義乎？答曰：夫名以應體，體以應名。故以名求物，物不能隱也。是以執名實，實名曰尺捶。每于尺取，何有窮時？若于五寸折之，便虧名理，乃曰半尺，豈是一尺之義耶？」案問者不知此乃是就抽象化之數學量而言，而成之答辭亦不知此義，反糾纏于名實之中，歧出而爭半尺一尺之別，遂乃使最顯明之義理弄成不明者。

釋文引司馬彪云：「若其可折，則常有兩。若其不可折，其一常存。故曰萬世不竭。」此則反簡明扼要。

十、關于「狗非犬」：

馮友蘭云：「爾雅謂犬未成豪曰狗。是狗者、小犬耳。小犬非犬，猶白馬非馬。」（中哲史，二七五頁）。此解是。狗非犬，言狗不等于犬耳。名各止于其實。一名立，必有其一定之定義。按定義，可個個不同者。此卽每一概念各自是一存有也。然若如此，則總是相非（不等）。若總是非，則不能有肯定之命題。故言「狗非犬」，此是概念之離，因「不等」而爲離；但亦可言「狗是犬」，此「是」字表示類屬關係，非內容的論謂關係，是則表示概念之合，因類屬關係而合。然「不等」之離與「類屬」之合，兩者並不相違（並不矛盾），故「狗非犬」並不妨碍「狗是犬」。亦猶「白馬非馬」並不妨碍「白馬是馬」。因兩者並非矛盾對當也。蓋「不等」之「非」字所含之是與不是與類屬關係中所含之是與不是，意義並不相同故也。故「離堅白」系之辯者說「狗非犬」，「白馬非馬」時，並不妨碍「狗是犬」，「白馬是馬」也。蓋只洞見「各自是一存有」一義耳。然「各自是一存有」之離並不妨碍其有某種關係之合。看概念間能建立某種關係，或不能建立某種關係，此亦是離合，此爲柏拉圖所討論者。（見辯士篇）。「關係」之義，先秦辯者並未注意。此影響邏輯眞理之發見甚大。古解語意不淸，略。

十一、關于「孤駒未嘗有母」：

釋文引李頤云：「駒生有母，言孤則無母。孤稱立，則母名去也。母嘗爲駒之母，故孤駒未嘗有母也。」案此解亦是。此亦自孤駒一概念之定義言。自駒之出生之來歷言，有母；自孤駒之定義言，則無母。蓋「孤」之本義卽是無母也。如此，「若孤駒而有母」，則自相矛盾者。此亦明每一概念皆有其獨立之自性也。

以上兩條，亦是由離之思路而透露一種對于「存有」之洞見也。

十二、關于「黃馬驪牛三」：

釋文引司馬云：「牛馬以二爲三：曰牛、曰馬、曰牛馬，形之三也。曰黃、曰驪、曰黃驪，色之三也。曰黃馬，曰驪牛，曰黃馬驪牛，形與色爲三也。故曰一與言爲二，二與一爲三也。」案此由兩形兩色，分別說與合說合起來而爲三。卽由分別連合之發展而成三。故引莊子齊物論「一與言爲二，二與一爲三」爲喻也。實則兩者並不相同，不可混而爲一，亦不可以莊子語解此。齊物論云：「既已爲一矣，且得有言乎？既已謂之一矣，且得無言乎？一與言爲二，二與一爲三。自此以往，巧曆不能得，而況其凡乎？故自無適有，以至于三，而況自有適有乎？無適焉，因是已。」莊子意以爲一落于執着，則卽可無限地葛藤下去，故最後云：「無適焉，因是已」。其目的是在保持「達者」所證至之玄冥之一，此是不可說，不可思議者。而此處則是分解的表示，以爲兩個個體而可分解成三個概念也。此「三」不必由分別連合之發展而成。說牛與馬，是分別。說「牛馬」是拼合。而由分別拼合以明三，不合存有獨立之思理。故「黃馬驪牛三」，很可以是兩個個體而加上黃、驪之色而爲三。但如此，亦可以說「黃馬驪牛四」。四個獨立概念也。

十三、關于「鷄三足」：

a、成疏云：「數之所起，自虛從無。從無適有，三名斯立。是知二三，竟無實體。故鷄之二足，可名爲三。鷄足既然，在物可見者也。」案此解不相干。順此解言，「鷄三足」有類于「卵有毛」，「犬可以爲羊」等，很可以例入合同異組。

b、釋文引司馬云：「鷄兩足，所以行，而非動也。故行由足，發動由神御。今鷄雖兩足，須神而行，故曰三足也。」案此解亦不成解。若如此解，則類乎「目不見」，只明由神而行，不能明三足也。猶兩目以神見，不能謂三目也。

c、馮友蘭引公孫龍子通變論云：「謂鷄足，一。數足，二。二而一，故三。謂牛羊足，一。數足，四。四而一，故五。」（中哲史，二七二頁）。案通變論之言是承「羊合牛，非馬，牛合羊，非鷄」而來。故承上引之文而結之曰：「牛羊足五，鷄足三，故曰牛合羊，非鷄。」此只言「牛合羊」所成之積類不是鷄，不但不等于鷄，而且根本非鷄類也。亦猶「羊合牛」所成之積類非馬類也。其「非鷄」之理由甚簡單，即就鷄之足與「牛合羊」之足說，亦可明其不同。「謂鷄足，一」，此是說「總言鷄足，是一」，此只表示「足」一概念，即抽象地單言「足」也。「數鷄足，二」，則是說鷄足之數目二，此仍承認鷄足之數爲二，不爲三也。「二而一，故三」，是承上兩步，加起來爲三，此三是虛說，只是數目意義，並無實指也。此句實乃不相干者。並非說鷄足之數是三也。「牛羊」足處亦然，而且句法全同。故結語云：「牛羊足五，鷄足三」，此並非說牛羊足之數五，鷄足之數三，乃是說在牛羊足處，可以說到五，在鷄足處可以說到三也。其所以有此差別，理由甚簡單，只因「鷄」是二足，「牛羊」皆是四足而已。即因此足數之不同，即可明「牛合羊，非鷄」也。不能由此文以明「鷄三足」也。通變論之「牛羊足五，鷄足三」並非「鷄三足」之意也。（關于通變論，詳解見另篇）。

故此條實爲誤傳。若成玄英之疏稍有意義，則此條不當屬「離堅白」組，當屬「合同異」組。即劃歸于合同異組，亦並不眞能明合同異之思理，與「卵有毛」，「犬可以爲羊」同。就合同異言，皆貌似有此傾向，而實則皆似是而非之怪說也。

總上以觀，一，二，三，四，五為一組；六，七，八，九為一組；一〇，一一，一二為一組：此三組皆能明「離堅白」之思理。至于一三條，則為誤傳。如依成疏解，則當劃歸于合同異組，如是合同異組當為九條。而此九條中，除「郢有天下」，「龜長于蛇」外，餘皆不能明合同異也。由是觀之，合同異組中之怪說大體終于為怪說，而離堅白組中之怪說則可並不為怪也。此見合同異並非易解，其恰當而最成熟之發展，則在莊子之玄理。此則中國哲人心靈之所擅長者。至于離堅白組，則較合同異組為可理解，此中思理為公孫龍之所獨著，而不易消融于儒道兩家者，而其本身亦無善繼，故終于式微而不彰也。

公孫龍離堅白說以及其他諸義，詳解見另篇。

附　錄

關于「連環可解」補注

(1)管子白心篇：

「事有適而無適，若有適。觽解，不可解而後解。故善舉事者，國人莫知其解。」

案依郭校，當作「事有無適而有適，若觽解，不可解而後解。」觽，詩衛風芄蘭：「童子佩觿」。說文段注：「觿所以解結，成人之佩也」。內則注云：「小觿，解小結也。觿貌如錐，以象骨爲之。」「觿解」卽以觿解結也。此則用以作喻，言若觿之解結，「不可解而後解」也。「不可解而後解」乃詭辭，喻「事有無適而有適」。「無適而有適」，道家之玄理也。

白心篇亦曰：

「不日不月，而事以從。……去善之言，爲善之事。事成而顧，反無名。能名無名（能名之「名」原作「者」，從何校改），從事無事。審量出入，而觀物所載。孰能法無法乎？始無始乎？終無終乎？……故曰：功成者隳，名成者虧。故曰：孰能棄名與功而還與衆人同？孰能棄功與名而還反無成？無成有貴其成也。有成無貴其成也。（依郭校改）。」

又曰：

「孰能去辯與巧而還與衆人同道？故曰思索精者明益衰。」

「無適而有適」，「不可解而後解」，卽以此文爲背景而言之者也。以解結喻玄理始于此。白心篇，郭斷爲宋鈃之作。

⑵呂覽君守篇：

「魯鄙人遺宋元王閉。元王號令于國：有巧者皆來解閉。人莫之能解。兒說之弟子請往解之，乃能解其一，不能解其一。且曰：非可解而我不能解也。固不可解也。問之魯鄙人。鄙人曰：然，固不可解也。我爲之，而知其不可解也。今不爲而知其不可解也，是巧于我。故如兒說之弟子者，以不解解之也。」

由解結而至解閉，皆喻「不解之解」之玄理。非言實際之結或閉爲可解或不可解也。一實際特定之結或閉皆事實上爲可解者。若特造一閉而弄死，則雖人造，亦不可解。魯鄙人所造者卽一可解，一不可解。可解者爲活閉，不可解者爲死閉。此可解與不可解皆事實問題，非名理問題，亦非玄理問題也。宋鈃之「不可解而後解」，兒說弟子之「以不解解之」，皆以解結或解閉之事實喻道家之玄理也。

(3)淮南子說山訓：

「兒說之爲宋王解閉結也，此皆微眇可以觀論者。」

(4)人間訓則云：

「或爭利而反強之，或聽從而反止之。何以知其然也？魯哀公欲西益宅，史爭之，以爲西益宅不祥。哀公作色而怒。左右數諫不聽，乃以問其傅宰折睢曰：吾欲益宅，而史以爲不祥，子以爲何如？宰折睢曰：天下有三不祥，西益宅不與焉。哀公大悅而喜。

頃復問曰：何謂三不祥？對曰：不行禮義，一不祥也。嗜欲無止，二不祥也。不聽強諫，三不祥也。哀公默然深念，憤然自反。遂不西益宅。夫史以爭爲可以止之，而不知不爭而反取之也。智者離路而得道，愚者守道而失路。

夫兒說之巧，于閉結無不解。非能閉結而盡解之也。不解不可解也。至乎以弗解解之，可與及言論矣。

或明禮義，推道體，而不行，或解搆妄言而反當。何以明之？孔子行遊，馬失，食農夫之稼。野人怒。取馬而繫之。子貢往說之，卑辭而不能得也。孔子曰：夫以人之所不能聽說人，譬以太牢享野獸，以九韶樂飛鳥也。予之罪也，非彼人之過也。乃使馬圉往說之。至見野人曰：子耕于東海，至于西海，吾馬之失，安得不食子之苗？野人大喜！解馬而與之。說若此其無方也！而反行！事有所至，而巧不若拙。故聖人量鑿而正枘。夫歌采菱，發陽阿，鄙人聽之，不若此延路陽局。非歌者拙也，聽者異也。故交畫不暢，連環不解，物之不通者，聖人不爭也。」

案：「智者離路而得道」，此曲線智慧也。「愚者守道而失路」，此質直死守而不能順應無方也。馬圉之「解搆妄言」（造作妄言）「如此其無方而反行」，亦是「離路而得道」也，詭譎而通之，得順應之道也。由此亦引申至以不解解之，不直攖其鋒也。故綜結曰：「故交畫不暢，連環不解，物之不通者，聖人不爭也。」「不爭」即不質直攖鋒而強爲之也。不爭而順之，反可通也，此亦不解解之也。交畫，連環，皆副詞或狀詞。淮南子此處用「連環」不指一實事實物言，與「閉」或「結」並不同。「交畫不暢」即交互錯綜而不暢達者。「連環不解」即循環糾結而不可解者。故綜綴之以「物之不通者」。「物之不通者聖人不爭也」。亦如「滑稽之曜聖人之所圖也」。

然而惠施則以爲「南方無窮而有窮，今日適越而昔來」，此種循環矛盾而似不通者，而又實可解也，故綜提示之曰：「連環可解也」。此「連環」顯然非指一實事實物言，與閉、結不同。如指一實物而云可解，則是事實問題，非名理問題。「連環不解」，「聖人不爭」，是玄理；「南方無窮而有窮」，「連環可解」，是名理。兩者皆非指一實事實物如閉、結之類，乃皆是抒意語也。

公孫龍之名理

公孫龍之名理

小序

近來整理先秦名家，先寫惠施與辯者之徒之怪說一文，交港大「東方研究」。該文就莊子天下篇所記，先講明惠施之思理，次明「辯者之徒」怪說二十一事。夫既爲怪說，則其隱僻難解可知。又爲單辭孤義，不詳其立說之原委。若單憑臆測，無異畫鬼。近人馮友蘭以爲此怪說二十一事可以分爲兩組：一組是合同異，屬惠施之思理；一組是離堅白，屬公孫龍之思理。此大體可從。如是，增加此怪說之表意性不小。

人皆籠統以「合同異，離堅白」說當時之名家。實則「離堅白」乃是公孫龍之主張，而「合同異」則是惠施之傾向。此兩者各代表一種思理。而「合同異」之思理尤接近莊子之玄理。

惠施與莊子善。莊子受其影響不小。然兩人之心靈根本有異。就天下篇所記「惠施歷物之意」之八事觀之，（歷來作十事解，非是），惠施之思理確更接近於莊子，以故馮友蘭全以莊子之言解惠施。然雖云接近，而實有距離。即就「合同異」言，名理地談與玄理地談根本有異。馮氏不解玄理，故其所言，難恰當也。故於明惠施之思理時，一、處處辨明名理與玄理之不同；二、取司馬彪，李頤，成玄英，以及近人馮友蘭之解說，一一疏評之，以明其可通不可通之分際。

于明辯者之徒怪說二十一事時，則順「合同異，離堅白」兩原則一一予以考察，並亦取以上四人解說而一一疏評之，看此各家解析究可通否？其屬於「合同異」組之怪說究能表示合同異之思理否？其屬于「離堅白」組之怪說究能表示離堅白之思理否？大體屬於離白堅者較可解，而屬于合同異者則難通。于以見「合同異」並非易事也。凡此俱見該文，茲不再詳。略予提示，以明本文之續承。

本文公孫龍之名理，乃承該文正式疏解公孫龍之思理者。今公孫龍子，只有跡府，白馬，指物，通變，堅白，名實，六篇。跡府篇記載公孫龍之故事，餘五篇純爲名理之談。本文想於此五篇一一予以詳細疏解。關于指物篇詳見本書序文。

第一節　引言

清四庫全書總目提要：

公孫龍子三卷。周公孫龍撰。案史記，趙有公孫龍，爲堅白異同之辯。漢書藝文志：龍與毛公等並游平原君之門。亦作趙人。高誘注呂氏春秋，謂龍爲魏人。不知何據。列子釋文：龍字子秉。（列子釋文爲唐當塗縣丞殷敬順作，非陸德明之經典釋文）。莊子謂惠子曰：儒、墨、楊、秉四，與夫子爲五。（案此見莊子徐無鬼篇）。秉即龍也。據此，則龍當爲戰國時人。司馬貞索隱謂龍即仲尼弟子者，非也。其書，漢志著錄十四篇。至宋時，八篇已亡。今僅存跡府，白馬，指物，通變，堅白，名實，凡六篇。……

其書大旨，疾名器乖實，乃假指物以混是非，借白馬而齊物我，冀時君有悟，而正名實。故諸史皆列於名家。……

又鄭樵通志略載此書，有陳嗣古注，賈士隱注，各一卷。今俱失傳。此本之注，乃宋謝希深所撰。前有自序一篇。其注，文義淺近，殊無可取。以原本所有，姑併錄焉。

案此提要有數事須略作申明或辯證：

一、史記仲尼弟子列傳：公孫龍字子石。少孔子五十三歲。裴駰史記集解，引鄭玄說，以爲楚人。而史記孟子荀卿列傳則又載另一公孫龍，趙人，爲堅白異同之辯。是則有兩公孫龍。今玆名家之公孫龍卽趙人之公孫龍，字子秉。非仲尼弟子之公孫龍也。

二、史記言公孫龍「爲堅白異同之辯」，此是史家記載史實，就名家全部籠統言之，非必能分別名家中各人之特殊主張。就今存公孫龍子中六篇而言，其中無論異同者。馮友蘭云：「戰國時論及辯者之學，皆總而言之曰：合同異，離堅白。或總指其學爲堅白同異之辯。此乃籠統言之。其實辯者之中，當分二派：一派爲合同異，一派爲離堅白。前者以惠施爲首領，後者以公孫龍爲首領。」（中哲史，二六八頁）。案此言是也。公孫龍書，漢志著錄十四篇，現只存六篇，其已佚之八篇不知內容如何。他當然亦可討論同異問題，但不必主張「合同異」。就現存之六篇觀之，其主張堅白離，乃甚確定者。如以「堅白離」之思理爲準，則彼自不能再主「合同異」。故以「合同異」屬惠施，大體不誤。局外人記載或傳說，謂其「爲堅白異同之辯」，乃係就當時名家所喜討論之問題，籠統言之耳。此籠統之記載亦不自史記始。莊子書中之傳說記載卽已如此。如：

a 莊子秋水篇記載公孫龍謂魏公子牟曰：「龍少學先王之道，長而明仁義之行。合同異，離堅白，然不然，可不可。困百家之知，窮衆口之辯。吾自以爲至達已。」此亦是局外人籠統之記載。實則公孫龍只「離堅白」，並不「合同異」。其思想，就現存之六篇言，並無「合同異」之傾向。「合同異」是惠施之思理，而大成熟於莊子。（見上篇：惠施與辯者之徒之怪說）。

b德充符篇末記莊子與惠子辯有情無情，最後莊子曰：「道與之貌，天與之形。無以好惡內傷其身。今子外乎子之神，勞乎子之精，倚樹而吟，據槁梧而瞑，天選子之形，子以堅白鳴！」此亦籠統之言。「惠施日以其知與人辯」（天下篇語），自可談及堅白問題。然堅白之離不離恐是公孫龍所發動，而公孫龍本人則主離者。承此而談之墨辯，則主「堅白盈」。至於惠施對此問題之態度爲何，則不得知。就天下篇所記「惠施歷物之意」觀之，惠施之思理與興趣是在另一面，而不在堅白之離不離。然而莊子於此卻以「子以堅白鳴」責之。此責自是籠統之言。並不能表示惠施對此問題究主離抑主盈也，亦不能表示堅白問題是惠施所發動也。彼只藉此責其落於口辯而不聞大道而已。

c齊物論篇：「昭文之鼓琴也，師曠之枝策也，惠子之據梧也：三子之知幾乎皆其盛者也。故載之末年。唯其好之也，以異於彼其好之也，欲以明之彼。非所明而明之，故以堅白之昧終。」此又以「堅白之昧」責惠施也。此亦籠統之責。

然史記可以籠統記載，莊子可以籠統斥責，而後人之整理古典，則不可再有籠統之妄言。近人王啓湘作公孫龍子校詮，世界書局收於中國思想名著中。彼作公孫龍子校詮敍云：「莊子秋水篇，公孫龍謂魏牟：龍少學先王之道，長而明仁義之行。合同異，離堅白，然不然，可不可。困百家之知，窮衆口之辯。吾自以爲至達已。謹案，據漢書藝文志，周秦人之以名學著者七人，今惟存鄧析，尹文，公孫龍，三家，而以龍最爲卓絕。其名學要指，蓋不出合同異四言之外。嘗試論之，合同異者，名學所謂歸納也。離堅白者，名學所謂演繹也。然不然，可不可者，於不然中求其然，不可求其可也。誠能於不然中求其然，不可中求其可，斯爲能立。若能於然中求其不然，可中求其不可，則爲能破。演繹歸納爲名學之方式，能立能破，爲名學之效果。以演繹歸納之方式，求能立能破之效果，而名家之能事畢矣。初學多苦龍書之難憭。倘以余說通之，不難迎刃而解矣。」閱至此，不禁廢書而嘆！誠所謂莫知所云。蓋猶是策論八股之惡習，摭拾一二外來新名詞以爲作文章之資料。若誠若汝說，則尚何可通哉！直是一大附會，徒增混亂。此敍作於民國三年。此可徵清末民初士人之陋。蓋全無理會古典之能力，亦根本無思理。若將此段删去，則其敍猶雅馴。

彼復于書末附錄其公孫龍子發微一文，除首大段重申上敍文之意外，復繼之曰：「余又謂：不惟名家出于孔子，即堅白之論亦出于孔子。蓋孔子嘗言：不曰堅乎？磨而不磷！不曰白乎？涅而不緇！是卽堅白之論所由昉也。……世說新語文學篇……鍾會撰四本論。注引魏志曰：會論才性同異傳于世。四本者，言才性同，才性異，才性合，才性離也。尚書傅嘏論同，中書令李豐論異，侍郎鍾會論合，屯騎校尉王廣論離。文多不載。又南史顧歡傳：會稽孔珪嘗登嶺尋歡，共談四本。歡曰：蘭石（傅嘏字）危而密，宣國（李豐字）安而疏，士季（鍾會字）似而非，公淵（王廣字）謬而是。據此，是名家異同離合之辯，魏晉六朝尚流傳弗絕也。」世間焉得有如此之頭腦！孔子之言堅白與公孫龍之堅白論有何關係？根本風馬牛不相及，焉得如此拉扯？四本論明是言才性之同異離合，此是人物志論才性以後之才性問題，與名家之論同異有何關係？又與堅白論中之離不離有何關係？惠施言大同異，小同異，是言同異關係之本身。而四本論是言才與性之同異。焉得見有同異字，便謂是名家異同之辯？公孫龍與墨辯討論堅白離盈問題，而四本論則是討論才與性之離合，此明是兩問題，焉得謂爲「名家之辯，魏晉六朝尚流傳弗絕」？如此拉扯，直是學問之致命傷。文人陋習不除，無可入於學問之門。此發微之文直可删而去之也。依附古典以行，徒增來者之混亂。吾故不惜筆墨，不憚辭費，予以指正，以爲深戒。

三、中國知識分子之失其學統，喪其思理，由來已久。不自清末民初始。提要云：「其書大旨，疾名器乖實，乃假指物以混是非，借白馬而齊物我。」此直閉眼瞎說，成何大旨？

夫混是非，齊物我，乃莊生之玄理。公孫龍子中所存之六篇曾何處有此義乎？其中名實論正是定彼此，明是非。指物論雖不甚可解，然大體是指物對舉，明指與物之關係。白馬非馬，堅白離，則明每一概念皆有其獨立之自性，各是一獨立之存有。凡此諸論所表之思理曾有一毫混是非，齊物我之義乎？總目提要之說亦非由讀過此書而得者，而乃抄自舊注。跡府第一首段，舊注云「公孫龍傷明王之不興，疾名器之乖實，乃假指物以混是非，寄白馬而齊物我。冀時君之有悟，而正名實焉。」夫混是非，齊物我，正與「正名實」相衝突。如此顯明之矛盾猶不自覺，則其爲注亦可知矣。逐句注過，而竟有如此開端之盲論，則其根本無思理，無力讀龍書，豈不甚顯？而總目提要竟據之以爲龍書之大旨，豈不謬哉？

嘗謂魏晉人懂玄理，南北朝隋唐吸收佛教，懂空理，宋明儒懂性理，至乎滿清入關，學絕道喪，士習益卑，慧解全無，任何理不能懂。然猶精于小學，于校刊訓詁猶有法度。順此路者，若嚴守藩籬，考辨史迹，訓解字句，不涉義理，則亦未始無利便于讀者。而或不守分界，妄有所論，一涉義理，全成笑柄。蓋任何理不能懂者，根本不能談義理也。上文所提及之王啓湘卽此類已。公孫龍之書乃談名理者。名理之學只在先秦名家曇花一現，此後卽無發展。此本非中國心靈之所長。隔斷日久，後無能解，亦其宜也。舊注標爲宋謝希深撰。謝希深名絳，與歐陽修王安石同時。王啓湘校注敍斷爲僞託。其言曰：「考舊唐書經籍志，新唐書藝文志，均載有陳嗣古、賈大隱，（或作士隱，誤），注。其書久佚。陳之爲人無可考。大隱，則賈公彥之子，永年人。見新唐書一百九十八卷，儒學張士衡傳中。（賈公彥，則見舊唐書八十九上儒學傳）。蓋古人注書體例，與今人異。其深奧難曉者，則詳爲注釋。其淺近易曉者，則多不措意。必宋以後妄人，疑古注多所缺略，乃攘竊陳賈二注，雜以己說，爰託謝希深之名以售其欺，遂成斯注。此陳、賈二注之所由亡也。」此亦只備一說，未能斷其必然。

然此舊注實多妄言盲語，亦不能總龍書之思理。惟于順通字句，亦間有當者。此種簡略晦澀無人整理之書，有此注亦不無少補。

四、原書六篇，其序爲：跡府第一，白馬論第二，指物論第三，通變論第四，堅白論第五，名實論第六。跡府第一記載公孫龍之故實。此可作簡略之小傳，無關名理。其餘五篇，純爲名理之談，順其思理，重整如下：

1　名實論。

2　白馬論。

3　堅白論。

4　通變論。

5　指物論。

此五篇實有一貫之思理，見其與惠施之思理不同。玆順序詳爲疏解如下。（指物篇缺，詳見本書序文。）

第二節　「名實論」篇疏解

天地與其所產焉，物也。物以物其所物，而不過焉，實也。實以實其所實，〔而〕不曠焉，位也。〔王啓湘校詮（此下簡稱王校）謂：「不曠上當有而字」玆據補。〕

案：「物以物其所物」意卽：物，就其爲物而物之。「不過」卽「當」義。「不過」是反面說，「當」是正面說。過則虛，當卽實。「不過」卽「如其爲物而物之」之引申義。此是由物以定實。「物」是客觀指目之詞，表「存在」。「實」是主觀論謂之詞，表稱謂。「物以物其所物」，亦可等于說：「物之存在之是而是其所是。」此卽如其所是而是之也。「實以實其所實」意卽：實，就其爲實而實之，或：如其不過之實而實其所實。「不曠」亦「不過」義，言不失不蕩也。實恰如其實而不過便是「位」。凡實物皆有定位。虛恍游蕩者無定實，亦無定位。譬如有筆于此，就筆之存在之是言，爲物。假若因心理或生理關係，于此筆上而起種種游蕩不定之幻像以環繞之，則卽爲「過」。此卽不是「物以物其所物」。

故剝落此環繞之幻像，筆如其爲筆，則卽爲「實」。實與物最鄰近，故凡物曰實物。若分言之，則只是一虛一實。「物」是實指，「實」是虛謂。「實」並非一指目之獨立概念也。「實」可融化于物。故有時「實」卽指物言。如名實對言，則「實」卽實指之物。

但是「位」則稍不同。「位」雖亦是一虛謂，但可是一獨立之概念：它或指一物所佔有之空間言，此卽其位置；或指一物本身所呈現之態勢言，此卽其樣相。但不管是位置或態勢，總指其形式特性言。就物言，「位置」是一空間概念，此比較抽象，而亦外在於物，故此可曰外在的形式特性；至於態勢，則比較具體，而亦附着於物，故此可曰內具的形式特性。就人言，位置是由其社會關係對比而成，此亦是其外在的形式特性；態勢則是其位置之實，及所以充實其位置（地位）而使人有如此之位置者，此可不由關係對比而顯，而是此人本身所具之屬性，故此亦可曰內具的形式特性。如君是對臣而言，由此而了解君位，則君之位置便是其外在的形式特性。但若由其某種道德知識才能所形成之總態勢言，則位便是其內具的形式特性。朝廷有朝廷之位，社會有社會之位，鄉黨有鄉黨之位。所謂朝廷以爵，社會以賢，鄉黨以齒，是也。中國思想中以前提到位字，都比較具體。卽就物言，亦很少單言其所佔有之空間者。此抽象之空間觀念，中國思想中並未形成，大都是連屬於其內具的形式特性而具體地言之。人在社會上之地位，尤其如此。如易經乾卦之「六位時成」，此「位」便不單純是那抽象的空間觀念，而實在是連屬陽九發展之態勢而具體地言之。就人言，如中庸：「君子素其位而行，不願乎其外。素富貴，行乎富貴，素貧賤，行乎貧賤。」此中之位便都是比較具體，卽各人之內在的固具情況。公孫龍此處所言之位，就一物之「實其所實」言，亦是此種具體言之之位。卽連屬于其內具的形式特性而具體地言之之位也。故以「實其所實」而定，不以空間關係或比較關係而定。此似是偏重於「位」之「自性」，卽內在于自己而顯之位，而不偏重于其「他性」，卽對他之關係而顯之位。

以上是由物以定實，由實以定位。物是存在，實是稱謂，位是如其實之情況（Situation），樣相（Form），或態勢（modality），卽如其實而自持其實，不過不曠，不失不廢。

出其所位，非位。位其所位焉，正也。以其所正，正其所不正，「疑」其所正。

〔俞樾云：「疑，當讀如詩靡所止疑之疑。毛傳曰：疑，定也」。〕

其正者，正其所實也。正其所實者，正其名也。

案：「出其所位」，卽離其實所定之位。離其實所定之位而游蕩，則無論在任何處，居任何情況，皆非其固有之實，卽非其固有之位，此卽所謂「非位」。「非位」卽不當其位，不當其位卽不正。易艮卦象曰：「君子以思不出其位」。無論人或物皆有其定實定位。出其位，則無實，亦根本無位。故歸于其實所定之位，則有實有位，此卽是「正」。「位其所位」卽處其所固有之位而不游蕩，故正。此是由位以定正。正者恰當之謂也。「以其所正，正其所不正」，卽以其所以爲恰當者糾正其所以爲不恰當者，卽遮撥其游蕩。旣遮撥其游蕩，則歸于其自身所固有之位，而其自身之所以爲恰當者亦得而定焉。此以遮撥游蕩來定其「所正」，卽以排拒而限定出其自身之「正」。是以「正」之「定」是通過一種排拒(Exclusion or negation)而成者。在排拒關係中，始有一種限制(Limitation)，一種決定(determination)。藉此限制或決定來表示正之「定」。「定」者穩定義，貞定義，固定或凝定義。定其所正，則正成其爲正。「正者正其所實也」，卽以「正其所實」表示正。（實正，位亦正）。名實對言，正其所實卽「正其名也」。實正則名定。名以指實，實以定名。名與實間有一一對應之關係(One-One correspondence)。

由物定實，由實定位，由位定正，此皆是由客觀面直接推演而成。由實之正而至名之正，則是主客兩面對待說。邏輯言之，物、實、位、正，皆是屬于存在一面之詞，而「名」則是符號一面之詞。

其名正，則唯乎其彼此焉。謂彼，而彼不唯乎彼，則彼謂不行。謂此、而「行」不唯乎此，則此謂不行。〔王校：而下「行」字，當爲「此」字之誤。此說是。〕其以當，不當也。〔王校：此句當作「其以不當當也」非。〕不當，而亂也。〔俞樾曰：此句當作「不當而當，亂也。」亦非。〕故彼彼當乎彼，則唯乎彼，其謂行彼。此此當乎此，則唯乎此，其謂行此。其以當而當也。以當而當，正也。

案：此正式講名實之間之關係。此關係是「指謂」關係。以名名之曰「謂」。此處公孫龍所意謂之「謂」卽普通所謂「叫做」之意。如「大而化之之謂聖」之「謂」，「天命之謂性」之「謂」，等等。「以名名之曰謂」亦可以說爲「以名名之之謂謂」，此中「之謂」之「謂」亦可以是此處所說「謂」字之意。此是「謂」字之最一般的意義。若進一步詳細分別，則有待于「名」之分別與「實」之分別。但公孫龍並未作此工作。墨辯亦未有此分析。後來荀子稍有接觸，但亦不盡。

名之正不正以何而定？名本身無所謂正不正。其正不正是以其對于實之關係而定。依公孫龍之意，「唯乎其彼此」曰正，不唯乎其彼此，則不正。「唯」者應諾也。卽普通所說之「是」或「對」。「唯乎其彼此」卽「是乎其所名于彼或所名于此者」。如果名謂之以彼（謂彼），而他不應乎此「彼」，則「彼」之謂便不能施行。（「彼謂不行」卽「彼」這個名謂不行）。如果名謂之以「此」（謂此），而他不應乎此「此」，則「此」之謂便不能施行。「不行」卽不當也。

以彼或此謂之而不行，便是以爲當而實不當也。（「其以當，不當也」）。不當，而謂之，便是亂也。（「不當而亂也」）。原文「其以當，不當也。不當，而亂也」。無誤。王校及兪校皆非。「其以當」是承上文「謂彼」、「謂此」而言，「不當也」是承上文「彼謂不行」、「此謂不行」而言。謂彼謂此，卽以爲是當而可謂之。彼謂此謂不行，卽實則並不當也。語意甚順。此語意並非「以不當爲當也」。乃是「以爲當而實不當也」。「不當，而亂也」，卽「不當，乃亂也」，或「不當，則亂也」。此語意亦不同于「不當而當，亂也」。「不當卽亂」，此是客觀地說。「以不當爲當」（不當而當），此是主觀地說。公孫龍原文是前意，不是後意。

以上從反面說，卽從「不唯」說「其以當，不當」。下卽從正面說「其以當而當」。如果以彼彼之（「彼彼」），而「當乎彼」，則卽是應乎彼之謂（「唯乎彼」）。在此情形下，彼之一謂便能行乎彼，（「其謂行彼」）。如果以此此之（「此此」），而「當乎此」，則卽是應乎此之謂（「唯乎此」）。在此情形下，此之一謂便能行乎此，（「其謂行此」）。其謂行乎此或行乎彼，便是「其以當，而當。」「其以當」承「彼彼，此此」而言，「而當」則承「其謂行彼，行此」而言。卽「其以爲當而謂之，而實當也」。實當，則正也。「以當而當，正也」。「以當不當」，亂也。

故彼彼止于彼，此此止于此，可。彼此而彼且此，此彼而此且彼，不可。

案：此綜結上文。故以彼彼之，而止于彼；以此此之，而止于此：可。所以「可」者，以其當也。此承上文「彼彼當乎彼，則唯乎彼，其謂行彼。此此當乎此，則唯乎此，其謂行此」而言。彼實是彼，而我以彼之一謂謂之亦當于彼，則此名謂卽恰當而不亂。「止于彼」卽定于彼。定于彼，則彼謂行也，或其彼之謂卽行乎彼也。「此此」句亦同此解。若此而彼之，則彼也而實此；彼而此之，則此也而實彼：此則不可。其所以「不可」者，以其「不當而亂也」。此承上文「謂彼，而彼不唯乎彼，則彼謂不行」等而言。「彼謂不行，此謂不行」，卽名實不當也。故正名實者，卽正實以正名，而求名實間指謂關係之當也。

案墨經亦有與此相應之討論。

墨經下：「循此，循此與彼此同，說在異。」

經說下：「彼：正名者彼此。彼此可：彼彼止于彼，此此止于此。彼此不可：彼且此也。彼此亦可：彼此止于彼此，若是而彼此也，則彼亦且此，此〔亦且彼〕也。」（依孫詒讓，當補「亦且彼」三字）。

此經說顯與公孫龍名實論相接談，但不如名實論之清楚。經文尤其隱晦不明。依經說觀之，「循此」即順此，似即「此此」之意。但「此此」與「彼此」不同，何以說「同」？籠統言之，「此此」只就一項言，「彼此」是說兩項，義亦可同。但若細察之，其中亦有分別。故曰：「說在異」。（「循此」之循改為「彼」亦可。如是，經文當為：「彼此：彼此與彼此同，說在異。」意即同是彼此，而有分別，故曰「說在異」。此「異」即經說中所解析之可與不可也。此似亦可通。但無校刊訓詁上之根據。從義理上說，依經說觀之，似不出上兩解析。）

關于經說，若完整言之，首句似當為：「彼此：正名者彼此」。原文脫一「此」字。「正名者彼此」顯指公孫龍之「名實論」言。其意是：言正名者，常就「彼此」而言。或「彼彼止于彼，此此止于此。」或「謂彼而彼不唯乎彼，則彼謂不行。謂此而此不唯乎此，則此謂不行。」或「彼此而彼且此，此彼而此且彼。」如上所解。今經說即順此而言之。有三層分別：

1.「彼彼止于彼，此此止于此。」此為「彼此可」。此是分別地說彼或此俱有當也。故曰「彼此可」。意卽：對於「彼此」，若是如此說，則可。此經說句顯從公孫龍來。

2.「彼且此也，〔此亦且彼也〕。」（依孫詒讓，當補後一句，不補亦可。）此爲「彼此不可」，言謂彼而又是此，謂此而又是彼，彼不止于彼，此不止于此，彼此無當，故「不可」。言若說「彼此」而如此，則不可。此顯然同于公孫龍所說「彼此而彼且此，此彼而此且彼，不可。」

3.若眞彼此分不淸，卽不能彼止于彼，此止于此，而實是彼此混，則此時「彼此止于彼此」，（不是彼止于彼，此止于此，而是彼此混止于彼此混），彼此混當于彼此混，則「彼亦且此，此亦且彼」便可。此層意思，公孫龍未言及。

以上三層分別言可不可，卽明經文「說在異」之「異」也。

公孫龍與墨經俱主張定彼此，正名實。此可曰積極的名家。然莊子依玄理之立場，則不以爲彼此能定，是非能正。彼用惠施「物方生方死」之「方生之說」以明「彼此莫得其偶」。齊物論云：「物無非彼，物無非是（此）。自彼則不見，自知則知之。故曰：彼出于是，是亦因彼。彼是、方生之說也。雖然，方生方死，方死方生。方可方不可，方不可方可。因是因非，因非因是。是以聖人不由，而照之于天，亦因是也。是亦彼也，彼亦是也。彼亦一是非，此亦一是非。果且有彼是乎哉？果且無彼是乎哉？彼是莫得其偶，謂之道樞。

樞始得其環中，以應無窮。是亦一無窮，非亦一無窮也。故曰：莫若以明。」此整段意思主要是「彼是莫得其偶」一句。此顯然由公孫龍名實論中之「彼此」，及墨經中「正名者彼此」而來。但莊子旨在明玄理，齊是非，故不順他們之立場以辯。而是採用惠施「方生方死」之說以混彼此與是非。其不同甚顯。孫詒讓墨子間詁于上引經說文之下，節引莊子此段文，而謂莊子所說「亦與此義略同」。實則根本不同，焉得謂爲「略同」？是訓詁家於校刋訓詁有章法，而於義理全無章法也。

惠施、莊子、桓團、公孫龍、以及墨子集團中之辯者，其時代前後相差不遠。有名辯之興趣者，則參與問題內部相接談或相反對。至如莊子者，則是另一境界，根本無此名辯之興趣。彼只處于局外，冷眼以觀，道聽塗說而拾取辯者之口實以抒發別義。（彼對于辯者內部問題根本無興趣，故亦不對之負責。故其道聽塗說，隨便取用，可無碍。否則，不可。此不可不知。）如指馬，彼此，皆拾取當時辯者（公孫龍系）之口實而別發玄義者也。

儒家孟子亦處于此時，但更不參與其中，根本不與聞問。莊子之靈魂是玄理，其根底是道家。能大暢玄理，而不能開闢名理。孟子之靈魂是性理，其根底是儒家。能大暢性理（心性，性命天道），而不能開闢名理。名家辯名實，定彼此，獨能開闢「純名理域」。雖不及孟莊之成熟，然要亦有價值。公孫龍尤其著者也。惜乎無孔、老者爲之前，亦無如孟、莊者爲之後，故「名理域」在中國遂枯萎而不振也。

以上就彼此，分別言可不可，以定名實間之指謂關係。此下即綜結名實關係而言之。

夫名，實〔之〕謂也。（當補「之」字）。知此之非〔此〕也，（兪樾謂當補「此」字，是），知此之不在此也，「明」不謂也。（兪氏謂「明」當爲「則」）。知彼之非彼也，知彼之不在彼也，則不謂也。

案：此綜言名實間之指謂關係也。如果吾人能知此不是此，或此不在此，能知彼不是彼，或彼不在彼，則便不可以此謂之，或以彼謂之。譬如說，假定知牛實不是牛，或牛並不在這裏。（「不在此」之「此」似乎只好作「這裏」講，與「此之非此」句中「非此」之「此」不同），則便不能以「牛」去謂之。牛實不是牛，（此之非此），即說它是牛而它實不是牛，則「牛謂」不行。既知牛謂不行，（知「牛之非牛」），則便不可以牛謂之。（「知」字重要，不可忽）。知「牛不在此」，（知此之不在此），則便無對象可指。既知無對象可指，則亦不能以「牛」謂之。「則不謂也」意即在此情形下，不以某某名謂之也。對應「知此之非此」言，「則不謂也」是「不可以此去謂之」。對應「知此之不在此」言，「則不謂也」是「不能以此去謂之」。「不可以此去謂」是表示有實而實不對，實不對而謂之，是亂。不當之謂「亂」。故「不可」也。「不能以此去謂」是表示無實而名無所施，無所施而名之，是空。無所有之謂「空」。既空矣，又焉能以此或彼去謂之？故「不能」也。「不能」者，言謂之而無意義也。「知彼之非彼」方面亦如此解。

至矣哉！古之明王！審其名實，愼其所謂。至矣哉！古之明王！

案：此贊古之明王既能審察其名實，又能謹愼其所謂，故能得事理之正，而天下以治。此其所以爲明王也。古之明王既如此，而自春秋戰國以來，貴族政治漸趨崩解，周文罷弊，禮樂不興，名實多乖，名器多濫。故易引發人注意名實問題也。然直就政治而言政教方面之名實問題，則始于孔子之正名，並發展而爲儒家之春秋教；以政教方面之名實乖亂爲現實之緣，引發而爲更一般化抽象化之純名理之辯，則始于戰國時之名家，惠施、公孫龍其選也，墨辯繼之，而以荀子之正名篇爲殿。故公孫龍之歸贊明王，亦只明其純名理之辯之現實因緣，並明其純名理之辯亦有實用之意義而已。實則此實用之意義並不直接，只提及之以壯聲勢而已。名家之本質的意義實在其進一步而爲純名理之談也。由現實之因緣解放而爲一般化抽象化之名實，純名理地談之，不爲政教方面之名實所限，此則更顯「理智之俊逸」。公孫龍之名實論即名家名理意義之名實之典型也。然後之論名家者，概從孔子之正名說起，以現實因緣爲本質，而于名家內部名理之辯則大都視爲「苛察繳繞」「怪說琦辭」，不復知有名理之境，亦不復能欣賞其「理智之俊逸」也。是則旣失名家之所以爲名家，亦失孔子言正名之發展爲春秋教之義也。孔子之言正名，不只被藉以徒爲名家之現實因緣，其本身卽有其本質之引發，此卽單言政教方面之名實，滋長壯大，發展成熟，而爲儒家之春秋教也。孔子固非名家，儒家亦非純名理之談者。然而其直就政治而言政教方面之名實，特顯價値判斷之名實而爲春秋教，則是儒家客觀精神之表現，亦卽義道之客觀地建立或名理地建立，此則固有其本質之意義，亦顯儒家「道德之莊嚴」。故孔子之正名若只牽引而爲名家之現實因緣，復以此現實因緣爲名家之本質，則旣失名家理智之俊逸，亦失儒家春秋教道德之莊嚴。玆判而分之，儒、名兩得，義智雙彰，而于政教方面之名實，則只視爲名家之現實因緣，而非其本質，如是苛察繳繞之譏，怪說琦辭之責，亦可以不作矣。以下試略言儒家正名實之意義。

論語第十三：「子路曰：衞君待子而爲政，子將奚先？子曰：必也正名乎？子路曰：有是哉！子之迂也！奚其正？子曰：野哉！由也！君子于其所不知，蓋闕如也。名不正，則言不順。言不順，則事不成。事不成，則禮樂不興。禮樂不興，則刑罰不中。刑罰不中，則民無所措手足。故君子名之必可言也，言之必可行也。君子于其言，無所苟而已矣。」

此爲孔子言正名最完整之一段，亦正名觀念之最早者。此雖就衞國政治之特殊情形而發，然亦實反映春秋時代之普遍現象，卽周文罷弊，名實乖亂。孔子言正名，主要目的是在重興禮樂，重整周文之秩序。其所意指之名實主要是就政教人倫說，不是純名理的名實。最簡單而顯明的表示當該是：「齊景公問政于孔子。孔子對曰：君君，臣臣，父父，子子。」有君之名，卽要盡君之道。君之道卽君之實。父子等亦然。此名實顯然就人倫說。就衞國所言之正名，亦是此種名實。蓋衞國當時之情形亦實是君不君，臣不臣，父不父，子不子也。故云「名不正，則言不順。言不順，則事不成」等等也。就基本之人倫名實再擴大而求一切名器之不紊，不僭不濫，一切恰如其分，則禮樂可興矣。其言正名實之標準主要是禮。而當紊亂無禮之時，此中卽有一種褒貶進退之正名實之工作，由之而表現客觀之價值判斷，以顯示一義道之樹立。此卽所謂春秋教也。此是另一領域之開闢，卽所謂客觀精神（義道）之開闢也。故司馬遷云：「春秋者，禮義之大宗也。」此中之正名實是依附于義道之建立而顯，由此特顯「道德之莊嚴」，不顯「理智之俊逸」。故此正名實非純名理的，故亦不能開闢「名理領域」也。

春秋本有一種「正言析辭」之工作。孔子就魯史而修春秋，首先是修辭潤文。春秋公羊傳莊公七年：「不修春秋曰：雨星不及地尺而復。君子修之曰：星霣如雨。」此「君子修之」卽孔子對于原文之修潤。不只是修辭上之修潤，且有「當名辨物」之修潤，此亦幾近于名理矣。如公羊傳十六年經「隕石于宋，五。是月，六鷁退飛，過宋都。」傳：「曷爲先言霣而後言石？霣石，記聞。聞其磌然（磌音田，石落也），視之則石，察之則五。……曷爲先言六而後言鷁？六鷁退飛，記見也。視之則六，察之則鷁，徐而察之，則退飛。五石六鷁何以書？記異也。外異不書，此何以書？爲王者之後記異也。」于隕石，則先隕後五；先聞其聲，視之則石，察之則五。于六鷁退飛，則先六而後鷁；先見其數，察之則鷁，再察則退飛。此亦幾近于一種名理之秩序，言之極審而愼也。「爲王者之後記異」，則表示不只是「當名辨物」之正言析辭，且亦進而顯示「道德之莊嚴」。其餘褒貶進退，書不書，所謂春秋筆法，皆是以顯示義道爲主，其正言析辭自必甚謹，卽甚有邏輯之秩序。（邏輯的，而非邏輯本身）。穀梁傳于此則云：「先隕而後石，何也？隕而後石也。……後數，散辭也。耳治也。（卽公羊之「記聞」）。……六鶂退飛過宋都，先數，聚辭也。目治也。（卽公羊所謂「記見」）。子曰：石無知之物，鶂微有知之物。石無知，故日之。鶂，微有知之物，故月之。君子之于物，無所苟而已。石鶂，且猶盡其辭，而況于人乎？」經文之書法固不必盡如公穀之所傳，然孔子作春秋總不能謂其無「正言析辭」之工夫與褒貶進退之義法也。（褒貶進退，人皆知之。至「正言析辭」之名理精神，則後之董仲舒甚能注意及之。參看春秋繁露深察名號篇）。自「當名辨物，正言斷辭」（易傳語）而言，則有一種「名理之秩序」；自

「褒貶進退，禮也，非禮也」而言，則有一種「道德之莊嚴」。春秋以後者爲主，而以前者爲從，故終爲儒家之春秋教，而非名家之純名理也。「君君，臣臣，父父，子子」，卽春秋教之正名實，而「彼彼止于彼，此此止于此」，則是純名理之正名實。兩者間固有極顯著之差別。純名理之正名實是就政教人倫之正名實進一步而來之解放，（理智之解放），解放而爲更一般化，抽象化之純名理之談，故能開闢「名理域」，而顯理智之俊逸。就儒家之春秋教言，其政教人倫之正名實並非不足而需要解放，而乃其本身卽甚足者，其本質卽是義道之建立。縱使是解放，亦是義道之解放，不，乃是義道之充分發展，發展而爲春秋教，而非向純名理域解放也。名理域之開闢是純理智之解放，是智性之獨立發展。而于春秋教中，則智屬于義，攝于仁，而爲仁道義道之建立，而非名理之建立。故春秋時代孔子之正名實乃向兩路發展：一是發展而爲儒家之春秋教，義道之建立；一是稍後發展而爲名家之純名理，名理域之開闢。此兩者決不能混一說。不幸後之記載學術流派之史家全不了解此中之分別，全無了解「名理域」之獨立意義之能力，遂只以籠統之「正名實」說名家，而於「名理域」之名理則視爲苛察繳繞而泯沒之，如是則名家之所以爲名家全不顯，而于儒家道德之莊嚴與名家理智之俊逸遂亦兩俱失之矣。試看以下之記載：

司馬談論六家要旨曰：「名家苛察繳繞，使人不得反其意。專決于名，而失人情。故曰使人儉而善失眞。若夫控名責實，參伍不失。此不可不察也。」「控名責實，參伍不失」，此只是正名實。儒家春秋教亦正名實，法家綜核名實亦正名實。此豈名家之所以爲名家者哉？「苛察繳繞，使人不得反其意」云云，正是不解「名理域」之獨立意義之不相干評語。若只是「苛察繳繞」，則亦只是病而已。病不可以說家。若去其病，則所餘者只是正名實。只是正名實，又豈足以名爲名家哉？

班固漢書藝文志說名家云：「名家者流，蓋出于禮官。古者名位不同，禮亦異數。孔子曰：必也正名乎？名不正，則言不順。言不順，則事不成。此其所長也。及譤者爲之，則苟鉤鈲析，亂而已。」「此其所長也」句以上，說儒家之春秋教，則更恰當。對名家言，若只視爲現實之因緣，亦可。但現實之因緣是一事，其所開闢之獨立之本質又是一事。而班固于此獨立之本質完全不能了解。只以「苟鉤鈲析，亂而已」，一語抹去之。如是，所餘者只是孔子之正名。若如班固所云，孔子是名家不亦更恰當乎？且無「譤者」之病！

隋書經籍志說名家云：「名者，所以正百物，敘尊卑，列貴賤，各控名而責實，無相僭濫者也。春秋傳曰：古者名位不同，節文異數。孔子曰：名不正，則言不順。言不順，則事不成。周官宗伯以九儀之命，正邦國之位，辨其名物之類是也。拘者爲之，則苛察繳繞，滯于析辭，而失大體。」此皆沿襲司馬談，班固之說，而稍異其辭。用之以說儒家春秋教，最爲恰當，而于名家，則全不沾邊。此見史家叙學術流派，常對于學術內容全無所知，只望文生義而已。故史家之記載名家，記來記去，名家歸于消滅而不知其何所在。

此病不自漢之史家始。荀子雖能作正名，于名理域之純名理亦有貢獻，然對于其前輩所開闢之「名理域」則完全不能賞識。非十二子篇云：「不法先王，不是禮義，而好治怪說，玩琦辭，甚察而不惠，（王念孫云：惠當爲急），辯而無用，多事而寡功，不可以爲治綱紀，然而其持之有故，其言之成理，足以欺惑愚衆：是惠施、鄧析也。」若如荀子所言，其正名篇所言之名理亦是無用者。只春秋教卽可以爲治之綱紀矣。此足見荀子理趣之不廣也。是以禮義綱紀自是禮義綱紀，名理自是名理。荀子之正名猶是名家所開闢之「名理域」中之事也。荀子旣「隆禮義」，又可以言正名，然則惠施公孫龍之名理又何碍于禮義綱紀乎？

第三節　「白馬論」篇疏解

公孫龍爲趙平原君家之客。食客無事，以閒談爲事。假若不是「飽食終日，無所用心」，亦不只是「好行小慧，言不及義」，則雖不談政治道德之「義」，亦可及於名理之義。此示於閒談中，智思清朗，而於學問亦有價値者。故前謂名家顯理智之俊逸。

公孫龍當時所談者必甚多。如天下篇所記二十一事中，其屬離堅白組者，如：火不熱；目不見；矩不方、規不可以爲圓；鑿不圍枘；指不至、至不絕；輪不輾地；飛鳥之影未嘗動也；鏃矢之疾而有不行不止之時；一尺之棰，日取其半，萬世不竭；狗非犬；孤駒未嘗有母：等，雖不必皆是公孫龍之所發，然彼亦必參與其中而有分焉；而衡之其思理，彼亦實可主張如此之怪說。至於有辯說之理由而著成文篇者，則有「白馬非馬」之辯，「羊合牛非馬」，「羊牛而牛而羊」之辯，「堅白離藏」之辯，此皆其著者也。本文先疏解白馬論，以明「白馬非馬」之意。

就「白馬非馬」言，空竟誰是首先創始者，則不易斷定。當時宋人兒說亦持「白馬非馬」之說。韓非子「外儲說」左上云：「兒說、宋人，善辯者也，持白馬非馬也，服齊稷下之辯者。乘白馬而過關，則顧白馬之賦。故藉之虛辭，則能勝一國。考實按形，不能謾於一人。」韓非謂兒說持「白馬非馬」之說。並以爲無論如何辯，當其「乘白馬而過關」，則仍須繳納馬稅，是則白馬仍須照馬辦，不能巧辯其爲「非馬」而不繳稅也。故云：「藉之虛辭，則能勝一國。考實按形，不能謾於一人。」以韓非之校練，固不契辯者之虛辭。【關於「乘白馬而過關，則顧白馬之賦」句，王先慎曰：「顧，視也。古人馬稅當別毛色，故過關視馬而賦，不能辯也。」陳奇猷謂：「顧、雇通。後漢書桓帝紀注：雇、酬也。又下白字當刪。乘白馬而過關，則顧馬之賦，謂：乘白馬而過關，則仍酬馬之賦，不能謂其非馬而不賦也。王說非。」（陳奇猷：韓非子集釋下，六三〇頁）。】

誰始創，且不問。茲所注意者，乃「白馬非馬」之意。今本公孫龍子跡府篇云：「龍與孔穿會趙平原君家。穿曰：素聞先生高誼，願爲弟子久。但不取先生以白馬爲非馬耳。請去此術，則穿請爲弟子。龍曰：先生之言悖！龍之所以爲名者，乃以白馬之論爾。今使龍去之，則無以教焉。且欲師之者，以智與學不如也。今使龍去之，此先教而後師之也。先教而後師之者，悖！且白馬非馬，乃仲尼之所取。龍聞楚王張繁弱之弓，載忘歸之矢，以射蛟兕於雲夢之圃，而喪其弓。左右請求之。王曰：止！楚人遺弓，楚人得之。又何求乎？仲尼聞之曰：楚王仁義而未遂也。亦曰人亡弓、人得之而已。何必楚？若此，仲尼異楚人於所謂人。夫是仲尼異楚人於所謂人，而非龍異白馬於所謂馬，悖！先生修儒術，而非仲尼之所取；欲學，而使龍去所教，則雖百龍固不能當前矣。孔穿無以應焉。」

據此，則知「白馬非馬」只是白馬異於馬，「非」字乃「異」義。故此句並非「白馬是馬」之否定，只是另立一義耳。白馬與馬之間當然有一種差別。就此差別而謂其「異」，並不函對於「白馬是馬」之否定，而謂其不是馬也。楚人與人之間亦有一種差別。異楚人於人，並不函否定「楚人是人」也。然則「白馬非馬」之辯，此中眞正問題乃在「是」字與

「非」字之意義。而「白馬非馬」一語之邏輯意義與價值亦在其所顯示之「是」字「非」字各有不同之意義，以及其所顯示之共名與別名或個體名之不同，而不在「白馬非馬」一語本身也。

依跡府篇所記載之故事，「白馬非馬」之意是如此，然則白馬論篇之往復辯難，是否亦顯此意？以下便是原文之疏解。

× × ×

第一問答

白馬非馬，可乎？

曰：可。

第二問答

曰：何哉？

曰：馬者所以命形也，白者所以命色也。命色者非命形也。故曰：白馬非馬。

案：以上第一問答首先肯定「白馬非馬」可。「可」、是言此句可以成立。第二問答即明所以可之故。其故即在：「白馬」是形與色合，而「馬」則只是「形」名。如果視「白馬」爲個體名，則此差別即是個體名與類名之不同。如果視「白馬」爲別名（依荀子）或種名（或目名），則白馬與馬之差別，卽是別名與共名之差別，或種名與類名之差別，或目名與綱名之差別。卽依此差別而言「白馬非馬」。故此「非」字顯然只明此兩名之不同。所謂異白馬於馬，異楚人於人也。

關於「命色者非命形也」句，意卽：命色之名非命形之名，此卽意函說：「白馬」是色名與形名合，而馬則只是形名，故白馬異於馬，不等於馬也。譚戒甫將此句改爲「命色形非命形也」，則爲多事，實可不必。（譚戒甫：公孫龍子形名發微十六頁）。

第三問答

曰：有白馬，不可謂無馬也。不可謂無馬者，非馬也？有白馬爲有馬，白「之」非馬，何也？

案：「之」字誤，當爲「馬」，或「之」字上脫一馬字。此顯然是問：「白馬非馬何也」？並非問：「白之非馬何也」？白當然非馬，故此問爲不必須。而舊注曰：「白與馬連，而白非馬，何故」？「白與馬連」成白馬，只能因之而問「白馬非馬，何故」？焉能因之而問「白非馬，何故」？故此舊注亦是不通之強說。

譚戒甫謂：「且白爲馬之色，無白固有馬，白之，亦猶是馬。今白之謂爲非馬，何耶？

言不可也。」（同上十七頁）。此似是將「白」作動詞用，「白之」即「白它」（以白白之）。此亦是強爲之解。不可從。

案此第三問難是從「有白馬」確定「有馬」，由「有馬」確定「白馬是馬」。此是難者不求解公孫龍說「白馬非馬」之意，只管說「白馬是馬」。

曰：求馬，黃黑馬皆可致。求白馬，黃黑馬不可致。使白馬乃馬也，是所求一也。所求一者，白者不異馬也。所求不異，如黃黑馬有可有不可，何也？可與不可，其相非明【矣】。故黃黑馬一也，而可以應有馬，而不可以應有白馬，是白馬之非馬審矣。

案：此第三答難進而申明「白馬非馬」之故。白馬既是色名與形名合，馬只是形名，故求「馬」，黃黑馬皆可至，求「白馬」，黃黑馬不可至，只有白馬可至。此明示白馬不等於馬。此「不等」即是共名與別名之不等。公孫龍既認「非」爲「異」，復認「是」爲「同」（等）。「使白馬乃馬也，是所求一也」。此一反駁之句，即示以同視「是」。言假使白馬就是馬或等同于馬，則所求而至者何以有不同？言當該是同，即「一也」。如果所求而至者是一，則白亦無以異于馬。此惡乎可？其實縱使白馬是馬，所求而至者亦不必是「一」，亦可達到「求馬、黃黑馬皆可致，求白馬、黃黑馬不可致」之結論。是則「是」字必有另一種意義。當吾人說「白馬是馬」，不必意謂白馬等同于馬。今公孫龍未能察及此中之分別，遂只以「等同」視「是」矣。「是」字之不同意義，詳解見後。

第四問答

曰：以馬之有色爲非馬，天下非有無色之馬也，天下無馬，可乎？

曰：馬固有色，故有白馬。使馬無色，有馬如已耳。安取白馬？故白【馬】者非馬也。白馬者，馬與白也。馬與白馬也，故曰：白馬非馬也。

案：「故白者非馬也」句，原文脫「馬」字，順文意當補。白非馬乃無問題者，豈待因、故之辯？「白馬者、馬與白也」，即承上「白馬者非馬也」句而重新說明之。「馬與白馬也」句，是另起，下接「故曰」。言依以上之說明，此乃是馬與白馬之異也，「故曰：白馬非馬也」。

普通是「白馬者，馬與白也，馬與白馬也」連讀，語意遂不通。俞樾謂：「此兩句中，各包一句。其曰馬與白也，則亦可曰白與馬也。其曰馬與白馬也，則亦可曰白馬與馬也。總之離白與馬言之也。」案此解迂曲糾纏，只是強爲之說，全不顧「白馬者」起句之語意，亦泯滅論辯中主從本末之輕重。

譚戒甫亦是將此兩句連讀，並謂：「此馬與白馬也句，當作白與馬也。……下文馬未與白爲馬，白未與馬爲白，即承此二句申言之，可證。玆删馬字，乙轉白字。」（譚著一七頁)。並謂「故白者非馬也」一句「爲起下之辭，當連下讀」。(譚著一八頁)。如此，據其讀法與刪改，此答辭之後半段幾句當作：「故白者非馬也；白馬者馬與白也，白與馬也；故曰：白馬非馬也」。此亦可通。惟刪改較多。與吾之讀法，各有利弊。吾未能決定何者必爲較好。故亦介紹譚說，兩存之，以供讀者參考。

若一字不改，保存原文，而讀法則于首句採譚說，于「馬與白馬也」句，則取吾之讀法，此亦可通。如是當爲：「故白者非馬也，白馬者，馬與白也。馬與白馬也，故曰：白馬非馬也。」如是讀，好處在不變動原文。

又案：「有馬如已耳」，舊注曰：「如，而也」。此可從。「有馬如已耳」意卽「只是有馬而已」。馮友蘭謂：「已似當爲己。如己卽 as such 之意」。(中哲史」二五六)。此在義理可通，而于語意，則不必如此改。「只是有馬而已」意卽函「只是馬自己」也。此句足示公孫龍確有抽象的思考。具體的馬自有種種具體的顏色，乃至種種其他具體的特徵。如將此種種具體特徵盡行抽去，則只是馬而已。此「只是馬」卽是「馬自己」，卽馬之大共名。此只是一「純普遍性」之自己。卽白馬不作具體的個體看，亦視作一類名，卽白馬類，或別名，則亦不是「馬」這一純普遍性之自己。「馬自己」只是一個純普遍性之「存有」，並無具體之存在，現實之存在，或時空中之存在。推之堅、軟、黃、黑、白等性之自己亦皆是一純普遍性之存有。再推之，卽使是白馬、黃馬、黑馬等，如視作類名，雖增多顏色之內容，亦仍是概念之存有。此意卽函惟有當下在時空中這個具體的特殊個體方有現實的存在。此亦卽函「存有」與「存在」之分別。此卽「堅白論」中「離藏」一思想之所由。故「白馬非馬」之辯實不只是兩者之不同（異）而已，且由此不同中能進而顯露出所不同者之是什麼之分辨，並顯示公孫龍對於概念之存有確有一種存有論的洞見。故白馬非馬之辯，其邏輯意義與價值有以下之三點：

一、顯示「是」字與「非」字各有不同的意義。

二、顯示「存在」與「存有」之區別，個體名與別名共名之區別。

三、顯示對於「概念之存有」有一種存有論的洞見（Ontological insight）。

第五問答

曰：馬未與白爲馬，白未與馬爲白。合馬與白，復名白馬。是相與以不相與爲名，未可！故曰：白馬非馬，未可。

案：此是難者以馬與白兩獨立概念之離合爲難。意言若如汝所說，馬與白可離，各自獨立，則馬卽不因與白合而爲馬，白亦不因與馬合而爲白，是卽馬與白離而不相與也。既不相與，今復「合馬與白」，而名曰「白馬」，是又「相與」也。然則是豈非「相與以不相與爲名」乎？此則大不可矣。此既不可，則汝之論辯有病，故主「白馬非馬」，亦不可。意言：此既不可，則不若白與馬不離，如是，則雖「白馬」，而畢竟仍是馬也。是故汝言「白馬非馬，未可。」

此難者之辯並不成立。馬與白當作概念看，雖可各自獨立，然並不妨碍其相與而爲「白馬」。難者之意似是馬與白既抽象而離矣，卽永不可再合。故有「相與以不相與爲名」之難。實則馬與白是就「白馬」抽離而言之，其離而爲二，各自獨立，是抽象中概念之存有事，而「白馬」則是實際之事實，焉可因抽象之離卽謂其永不可再合耶？凡言抽離，皆是有所憑有所據，並非寡頭不相干之星散概念，突如其來，因而始可發生如何能「相與」之問題。故此難實表示難者並無抽象之思考力。惟此中實含有認識論之問題與存有論之問題，此將在「堅白論」中討論之，現暫不涉及。

【曰：以有白馬爲有馬，謂有白馬爲有黃馬，可乎？曰：未可。曰：以有馬爲異有黃馬，是異黃馬於馬也。異黃馬於馬，是以黃馬爲非馬。黃馬爲非馬，而以白馬爲有馬，此飛者入池，而棺槨異處，此天下之悖言亂辭也！】

案：此答難亦有問題。茲且不論。此整個之答辭似與難者之意並不相對應。人固可曰：暫不作答，別起誘敵。但此逕直之一問一答之論辯似不應完全不相涉；又察下文最後之問答，答辭亦與難意不相對應。譚戒甫以爲此最後之問答並非一難一答，乃皆爲論主自己追述或引申之意，此尤離奇。玆察最後之答辭倒反與此處上列之問難相對應，而此處之答辯倒反與下文之問難相對應。故吾以爲似有錯簡。試移最後之答辭於此，看是否較爲通順：

曰：白者，不定所白，忘之而可也。白馬者，言白定所白也。定所白者，非白也。馬者無去取於色，故黃黑【馬】皆「所」以應。白馬者，有去取於色，黃黑馬皆「所以」色去，故唯白馬獨可以應耳。無去者，非有去也。故曰白馬非馬。

案：此方像是對此第五問難而辯。蓋此第五問難以馬與白兩獨立概念之離合爲難，此是就論主之意姑先予而後奪之。難者之意既如此，故此答辯卽就馬與白兩獨立概念之自性，分辨白與「定所白」而答之。「白」卽白之自己，亦可曰「不定所白」之白。「定所白」者，言白規定其「所白」之物，如馬、紙、筆之類，而其自身卽得一附着處；而爲白所定之物亦因而得一限定而有一特殊之內容，此若就馬而言，卽所謂「白馬」是也。故「白馬」者，就馬而言，則馬卽因爲白所定、而得一限定，具一特殊內容之馬也。此時馬卽不是一純普遍性之自己，而是一有限定，有特殊內容之「白馬」。就白而言，則白亦非「白之自己」，（卽非「不定所白」之白），而是一「定所白」而有附着處之白。故曰：「白者不定所白，忘之而可也。（案此卽「堅白論」中所謂「離藏」）。白馬者、言白定所白也。（案此就白而言，亦函就馬而言）。定所白者，非白也。」此幾句甚扼要而亦甚具邏輯意義之答辯，即答難者「白馬兩獨立概念何以能相與而爲白馬」之難也。此答覆中之說明是一邏輯之說明。此或不甚能滿足有哲學追問之興趣與有訓練之讀者，例如尙可提出認識論之說明與存有論之說明等，然此種邏輯之說明要亦是相干之說明，而非如前列原有之答辭似全不對應也。吾將此答辭移于此，固無版本之根據。然此種少有整理之書，年代久遠，早已錯簡乃可能者。吾以義理之關聯衡之，移于此而可使問答較爲對應，並能使問答之意更爲顯明而順適，且亦不背原有之思理與意指，則移置之當無不可，亦且有助于讀者之理解。

以上基本觀念既明，則此答辭後半段諸句皆極顯豁而易解，亦且直順而下，無有曲折隱晦之處，故不須作義理之詳解。惟字句中稍有待于聲明者如下：

一、『馬者，無去取于色，故黃黑【馬】皆「所」以應。』「黃黑」下原脫「馬」字，今據下文「黃黑馬皆所以色去」句補。此易見，解者類能知之，非自我始。又「皆所以應」中之「所」字與「可」同。譚戒甫云：『上文言「皆所以應」，下文言「獨可以應」，「所」猶「可」也。見王引之經傳釋詞。古人自有此互文耳。』（譚著：二〇頁）。

二、『白馬者，有去取于色，黃黑馬皆「所以」色去。』此中「皆所以色去」當作「皆以所色去」。言皆以所有之色不同于白馬而被排去也。或例上句「所」作「可」解亦得。

三、「無去者，非有去也」。此句指「馬自己」言。「無去」卽馬自己「無去取于色」。其所以「無去取于色」，卽因馬自己爲一純普遍性之自己，乃根本無所簡別于色，故亦非有所去于色或有所取于色也。此其所以「黃黑馬皆可以應」之故也

第六問答

曰：有白馬不可謂無馬者，離白之謂也。「不離」者，有白馬不可謂有馬也。故所以爲有馬者，獨以馬爲有馬耳，非有白馬爲有馬。故其爲有馬也，不可以謂馬馬也。

案：此段仍當是難者申辯之辭。惟其意頗隱晦，故解者惑焉，鮮有當也。其意實如此：吾之所以主有白馬爲有馬者，（卽「有白馬不可謂無馬」），乃是撇開白不計之謂也。（卽所謂「離白之謂也」）。若計在內（不離），則自可如汝所說：「有白馬不可謂有馬」，卽「白馬非馬」。故吾所以謂「有白馬爲有馬者」（卽「白馬是馬」），惟是以其「有馬」（是馬）而謂之耳，非以其爲白馬而謂之爲有馬也。卽，白馬之是馬與否，不在其爲白不白也。（此卽「離白之謂」。此「離」是撇開不計義，非公孫龍堅白論中所說之「離」。撇開不計卽函說白不是馬之所以爲馬者。）雖如此，但于白馬上，不能只說馬是馬（卽「馬馬」），故須連其色而謂「白馬是馬」，卽「白馬，馬也」。此有何不可乎？吾以爲此難辭之意確是如此。舊注及兪樾皆彷彿得其一二：一、皆認爲是賓難之辭，此不誤；二、皆能知

但論馬不論白，此亦見到此要點。但因未能透徹，思理不精，故措辭不諦，轉說轉謬，或根本無義，莫知所云。茲不詳檢，讀者取而對校，歷然可知。

惟譚戒甫最爲悖謬。彼不得其解，乃謂此段是「論主遠追賓語，重申本意。」故其所解，適成相反。彼云：「名家（彼指難者及墨辯派言）認離白，故曰有白馬不可謂無馬。形名家（彼指公孫龍言）以爲不離，謂之守白，故曰有白馬不可謂有馬也。此因有馬之稱，乃以獨馬而然，（彼將「獨以馬爲有馬」句妄改爲「以獨馬爲有馬」），非以白馬而然。蓋白馬不可以謂有馬，倒裝言之，即有馬不可以謂白馬。有馬不可以謂白馬，猶之有馬不可以謂馬馬也。（案此根本不通）。蓋白馬爲色形二指，馬馬爲形形二指，感覺皆二，正與相埒。若獨馬者僅一形之指，爲二之一，豈能等乎？故馬馬既非馬，則白馬亦非馬矣。」（譚著二〇頁）。案此根本不成義理，直是胡說！

又案：「不離者，有白馬不可謂有馬也」。此句中之「不離」今本作「是離」。道藏本及陳本作「不離」。蓋如對上句而言，作「不離」，始可言「有白馬不可謂有馬」。若作「是離」，則重複上句之意，句中「有馬」之「有」當作「無」。俞樾知「有」字誤是也。王啓湘公孫龍子校詮，認爲「有馬二字不誤，俞說非」。是其根本不懂故也。

曰：以有白馬爲有馬，謂有白馬爲有黃馬可乎？曰未可。

曰：以有馬爲異有黃馬，是異黃馬于馬也。異黃馬于馬，是以黃馬爲非馬。以黃馬爲非馬，而以白馬爲有馬，此飛者入池，而棺槨異處，此天下之悖言亂辭也。

案：此處之答辭，原爲「白者不定所白」一段，即全文最後之一段，今已將此段移作前第五難之答辭，故原文之前第五難之答辭即移于此作最後之答辭。此蓋甚顯然也。一、直承上列難者「有白馬不可謂無馬」云云而作答辯，故此即以「以有白馬爲有馬」云云爲起句也。二、此答辭最後一句「此天下之悖言亂辭」是情感語，以此作最後之結束似更合對辯行文之習慣。以此二故，故移此段于最後。

此答辭雖與前難相對應，然所謂對應亦只是籠統地對應，實則並不曾扣緊其「離白」（即撇開白不論）之論點而辯其是或非，而仍是歸于自己之主張：白馬異于馬，而辯「白馬有馬」之爲非。而此辯雖步步追問，好似理直氣壯，故最後直斥之曰「此天下之悖言亂辭」，而其實則並不能服人之心，其中必有不足處。蓋彼既認「白馬非馬」爲「白馬異于馬或不等于馬」，故反過來亦認「白馬有馬」爲「白馬同于馬或等于馬」。所以彼反問難者曰：如果以白馬爲等于馬，則試問「白馬等于黃馬」可乎？此當然不可。此既不可，則根據汝之「白馬等于馬」，吾人即可推至黃馬異于馬。何以故？試看：

一、已定：白馬等于馬。

二、又認：白馬不等于黃馬→黃馬不等于白馬。

三、是故：黃馬不等于馬。

此「黃馬不等于馬」卽「以有馬爲異有黃馬，是異黃馬于馬也。異黃馬于馬，是以黃馬爲非馬。以黃馬爲非馬，而以白馬爲有馬，此飛者入池，而棺槨異處，此天下之悖言亂辭也。」卽自相矛盾。但此答辯之反詰實有不盡處。儘管依自己之規定，認「是」爲等（同），認「非」爲異（不等），而作如是之推理，然難者之說「白馬有馬」（是馬），此中之「是」字不必是等同義。彼雖未能自覺而申明之，然汝之推理反詰，以明其爲「悖言亂辭」，則固不足以服彼之心也。此卽問題之所在。

× × × ×

以上是順原文逐句疏解。今玆再作總疏解以明其意。

公孫龍依其對于共名與別名之分別以及其使用「非」字之意義，彼自可成立「白馬非馬」一主斷。但雖可成立，卻不能由此以否定「白馬是馬」。彼若能知「白馬非馬」之所由立，並進而復能辨明「白馬是馬」之邏輯的所以然，則可無爭辯。文中之難者自是主張「白馬是馬」者。此雖是公孫龍自己之設難，然亦代表一般人之見解。惟文中之設難只是藉以辯「白馬非馬」之成立，並未能積極地說明「白馬是馬」之邏輯的所以然。此足示當時並無人能就「白馬是馬」而詳辨其所以者，而後之人亦無繼起作此工作者。故不獨文中之設難于「白馬是馬」一主斷之意義無所開闢，即社會上亦無所開闢。最後之設難中由「離白」與「不離白」之說以明「白馬是馬」與「白馬非馬」之兩立，此稍有意義，然文中並未就此引申發展而詳辯之，社會上亦無人就此引申發展而詳辯之。公孫龍只顧成立「白馬非馬」一義，對于「白馬是馬」則無暇辨明其所以。「白馬非馬」一主斷本身並無若何邏輯之意義與價值，惟公孫龍可以藉此而抒發新義。其所藉此而抒發者，乃在由此可以使吾人知：

1 別名與共名、或個體名與類名、或個體與共相之不同；

2 「非」字之特殊意義；

3 對于「概念之存有」有一存有論的洞見。

與本篇問題本質地相干者乃在第二點。茲以此爲中心而討論之。

提出「非」字之特殊意義，吾人自然容易想到「是」字與「非」字之不同的使用與不同的意義。由此兩字各有其不同的意義，自然亦可想到命題（句子）性質之不同。「白馬是馬」與「白馬非馬」之關鍵全在此。

「是」字有以下不同之意義：

1 「自身相函」義：如牛是牛，馬是馬：$a \supset a$。此亦函「等」義：$a = a$，在「牛是牛」中，後一牛字並不是前一牛字之謂詞，而前一牛字亦不是後一牛字之主詞。故此命題不是主謂式，乃是關係式：自身相函的關係式。「是」字卽表示這種關係式。

2「內容的論謂」義：如花是紅的，筆是白的。紅的，白的，乃是一種性質，可以論謂其所隸屬者；而其所隸屬之主體卽是主詞。故此等命題是主謂式，而「是」字卽表示內容的論謂。

3主謂式句子中主賓類間的「包含關係」：在主謂式上，內容的論謂是從內容方面說，主賓類間的包含關係是從外延方面說。如「人是有死的」，若從內容方面說，此「是」字表內容的論謂：人有「有死」的特性，「有死」一特性可以論謂主詞「人」。若從外延方面說，此「是」字表主詞類包含于謂詞「有死類」中。「孔子是聖人」，從外延說，「是」字表示個體分子與類間的包含關係。「凡人有死」，此中所隱藏之「是」字表示副類與類間的包含關係。從類方面說，有層次不同，「是」字不受影響。

4「積類」與其所包含的分子間之「函蘊關係」：如「牛馬是牛」，「牛馬是馬」。此中「是」字既不是主謂間的論謂關係，因爲牛不是「牛馬」一積類（絜和詞）之屬性（謂詞），馬也不是「牛馬」一積類之屬性（謂詞）；亦不是主賓類間的包含關係，因爲我們不能說「牛馬」包含在牛類裏面，也不能說「牛馬」包含在馬類裏面，但吾人在此亦用「是」

字，此「是」字便只是函蘊義：牛馬函牛，牛馬函馬：ab⊃a，ab⊃b。

「是」字既如此，則「非」字亦隨之而有不同的意義：

1「異」義」：此卽公孫龍所使用者。「白馬非馬」卽「白馬異于馬」，因概念之內容外延不同而異。此「非」字無所否定，因而亦不能與「白馬是白」形成矛盾。此只是另一義而已。

2內容的論謂上之「不論謂」、有是事實的指出，如這枝花事實上的確沒有紅色，我說：「這枝花不是紅的」，這「不是」之否定只表示主詞沒有這屬性，不是對于「是」之否定。有是對于主張「是」者的否定，卽：如果對這同一枝花，同時一說「它是紅的」，一說「它不是紅的」，這「不是」所表示之否定乃是對于另一主張「是」者之否定，如是這「不是」所表示之「不論謂」與「是」所表示之「論謂」便形成一矛盾。更明確地說，如果一主張「有花是紅的」，一主張「所有的花都不是紅的」，這便形成一矛盾。這是內容的論謂上之矛盾。

3主賓類間的「排拒關係」：如「人不是有死的」，此若從外延方面說，這「不是」便表示排拒，卽「不包含于」。此若對「是」（包含于）而言，亦足以形成一矛盾。

4積類與其所包含的分子間之「不等關係」：如「牛馬非牛」，此「非」（不是）字卽

「不等」義。卽：牛馬不等于牛，牛馬不等于馬：$ab \neq a$，$ab \neq b$。此若對「牛馬是牛」，「是」字是函蘊義而言，便不是一矛盾。

設根據以上「是」字與「非」字之各有四種意義，看下列諸命題：

1 牛是牛，馬是馬。

2 牛不是牛，馬不是馬。

3 白馬是白的，白馬是馬。

4 白馬不是白，白馬不是馬。

5 牛馬是牛，牛馬是馬。

6 牛馬不是牛，牛馬不是馬。

以上六組命題，可分成三個組對。試考察如下：

1與2是相矛盾的一對，不但「牛是牛」與「牛不是牛」兩命題相矛盾，而且「牛不是牛」這一命題本身卽表示一矛盾，卽自身相矛盾。惟這種自相矛盾旣不是內容的論謂命題之自相矛盾，亦不是主賓類含命題的自相矛盾，而是自身相函的關係式命題之自相矛盾。因爲「牛是牛」之「是」字所表示的是自身相函的關係式，故「牛不是牛」卽直接表示一自身相函的關係式命題之自相矛盾。「馬是馬」方面亦然。

3與4須分別論。先看「白馬是白的」與「白馬不是白的」這一對。「白馬是白的」不但是主謂式，而且是分析命題的主謂式，故若「白馬不是白的」，則不但可以與前者形成矛盾，且最顯明而且重要的，乃是它自身形成自相矛盾，此卽是主謂式的分析命題之自相矛盾。可是若說「白馬不是白」，而此中之「不是」又取「異」義，則「白馬」一概念所表示的內容與外延就不同於「白」一概念所表示的內容與外延。此時「白」是白性自己，不是當作屬於「白馬」的一屬性看，故只可曰「白」，而不曰「白的」。此時「白馬不是白」卽無所否定，亦不與「白馬是白的」爲矛盾，而且其自身亦無所謂自相矛盾，卽不是主謂式的分析命題之自相矛盾。此就是公孫龍所宣揚之義。

再看「白馬是馬」與「白馬不是馬」這一對。「白馬是馬」，直接最顯明的，它表示類間的包含關係，或視作個體與類的包含關係，或視作副類與類的包含關係。其中之「馬」不容易視作「白馬」的屬性，至少不能直接地說其是屬性，所以只能說「白馬是馬」，而不能說成「白馬是馬的」，因爲這是不通的。若從內容的觀點看，說白馬也具有「馬性」，故也可說是屬性，這也可以，但卻總不能說「白馬是馬的」。可見馬與白不同，馬是物名，白是質名。但無論如何，「白馬是馬」與「白馬不是馬」，若看成類間的包含關係與排拒關係，則卽可形成一矛盾。但若「白馬非馬」，非字作「異」或「不等」解，則它不表示類間的排拒關係，如是則「非」字即無所否定，與「白馬是馬」亦不構成矛盾，其自身亦無所謂自相矛盾。此亦即公孫龍所宣揚之義。依此，「白馬非馬」中之「非」字可有兩義：一、類間的排拒關係，二、不等義。但「白馬是馬」中之「是」字在此卻不能有兩義，它只能表示類間的包含關係，無人能於此說「等」也。故公孫龍文中最後之答難認難者所說之「白馬有馬」爲「白馬等於馬」，乃顯然是無理之誤認。

5與6中，「牛馬是牛」與「牛馬不是牛」這一對，情形便有不同。這兩個命題旣不是主謂式，也不是主賓類間的包含關係。它們與「白馬是白，白馬不是白」，「白馬是馬，白馬不是馬」，皆不同。在此後者兩對語句中，其中之「不是」，若非特別聲明是「異」的意義，如公孫龍之所使用，則說「白馬不是白」，「白馬不是馬」，那是很不通的。不但不通，而且是自相矛盾——主謂式的分析命題之自相矛盾，或可解爲主謂式的分析命題之主賓類間的包含關係之自相矛盾。此所以公孫龍當時說出此語時，人皆以爲怪說也。儘管他表明那個「非」字是「異」義，但縱使如此，說此語亦無多大意義或價値，徒爲驚世駭俗而已。此足見「白馬不是白」，「白馬不是馬」，在正常的邏輯語句或邏輯秩序中是不能說的。縱使特別聲明「不是」（「非」字）只是「異」義，這兩句話本身亦無邏輯的意義，雖然可藉之以抒發新義，如前文所說之三點。

但是在「牛馬是牛」，「牛馬不是牛」，情形便不同。

一、「牛馬」與「白馬」不同。在「白馬」一概念中，白是形容詞，表示性質，這性質附着於馬，而爲馬所具有；馬是物名，即公孫龍所謂「命形」者，是形體之名，它是主，而白是從。因此，「白馬」一概念是白之性質附着於一形體而成爲一個單一的整一，這只是一個單一物，因此也只是一個單一概念，雖然表面它有白與馬兩個詞。白與馬這表面的兩個詞並不是兩個並列的獨立體並積在一起，而是主從的統一體——統一而成爲一個單一物。但是「牛馬」卻不同，它是兩個並列的獨立體並積在一起，我們不能說牛是主，馬是從，也不能說馬是主，牛是從。因爲牛與馬都是獨立的形體名，其中並無一個是性質名。因此「牛馬」這一個合詞，若用現在的邏輯詞語說，它是牛與馬並積在一起所成的一個「積類」（product），用符式寫出來，它當該是："a·b"或"ab"。這是一個「絜和詞」(conjunction)。

二、「牛馬」既是一絜和詞，所以當說「牛馬是牛」時，此中之「是」字既不表示「內容的論謂」，亦不表示主賓類間的「包含關係」，它根本不是一個主謂式。這與「白馬是白的」，「白馬是馬」，根本不同。我們也不能把它看成是一個全稱肯定命體（A）的表示。例如「所有的a是b」，這是A命體的表示。若依西方傳統邏輯的講法，在此命體中，a周延，b不周延，所以若從外延的觀點，把此命體解爲「a類含在b類裏」，則a並不等於

b。在「牛馬是牛」中，牛馬自不等於牛，但我們卻不能說「牛馬」積類含在牛類裏。所以「牛馬是牛」根本不是主謂式的主賓類間的包含關係。若依邏輯代數，「所有的a是b」，我們自可把它寫成“$a \subset b$”（a含在b中，所有是a類的分子亦都是b類的分子），但依邏輯代數，

$$“a \subset b” = “a \cdot b = a” \text{ Df}$$（定義）。

而“$a \cdot b = a$”亦函着“$a \cdot b = b$”，這就表示在邏輯代數裏，a並不必小於b，而可等於b，而依那定義，實際上就是等於b。若以此模型爲準，我們自不能把「牛馬是牛」寫成“牛馬⊂牛”（牛馬積類含在牛類中）。既不能如此寫，自亦無那定義的情形。如果依那定義，我們把「牛馬是牛」寫成“牛馬·牛＝牛馬”（牛馬積類與牛類積等於「牛馬」類），這好像是可以的，但這卻不能函着“牛馬·牛＝牛”。依此，「牛馬是牛」總不能是「所有的a是b」這種命體式。所以「牛馬是牛」中之「是」字根本是表示另一種關係，其意似乎是函蘊，函着（implication, imply），至少用「函着」去表示它，是可通的。（但不要以爲A命體也可用函蘊去表示，便以爲它們是相同的）。「牛馬是牛」是表示「牛馬積類裏含有一部分是牛」。就「函蘊」說，「牛馬」是既牛且馬，所以「牛馬是牛」卽表示說：「如果牛馬積類成立，則牛類亦成立」，「如果既有牛又有馬，則亦有牛」，「如果牛眞而且馬眞，

則牛眞，」。用符式寫出來乃是：

牛馬⊃牛，牛馬⊃馬；ab⊃a，ab⊃b。

此卽公孫龍通變論篇所說：「羊不二，牛不二，而羊牛二。是而羊而牛、非馬，可也。」「詳解見下章）。

三、在「牛馬」一積類上，我們也可以說：「牛馬非牛」，「牛馬非馬」。這「非」字同樣不是主謂式上的「不論謂」，亦不是主賓類間的「排拒關係」，它只是「不等」義。其式如下：

牛馬≠牛，牛馬≠馬；ab≠a，ab≠b。

此卽墨經經說下所說：「且牛不二，馬不二，而牛馬二，則牛不非牛，馬不非馬，而牛馬非牛、非馬，無難。」（詳解見下章）。公孫龍從正面說：羊牛是羊，羊牛是牛：「羊牛二，是而羊而牛可也」。墨經從反面說：牛馬非牛，牛馬非馬：「牛馬非牛非馬，無難」。在這裏，說牛馬非牛，牛馬非馬，有邏輯的意義。但若說，白馬非馬，白馬非白，則無邏輯的意義。若非特別聲明，則根本不通。當然，人可以問：「牛馬非牛」卽牛馬不等於牛，則在「白馬非馬」，若聲明「非」字卽「異」義，卽「不等」義，則「白馬非馬」亦卽白馬不等於馬，何以在「牛馬非牛」便有邏輯意義，在「白馬非馬」便無邏輯意義？曰：白馬非積類故，牛馬是積類故。故「白馬非馬」這一語句本身並無邏輯的意義與價值，因爲要是「異」，天下無兩物相同也。通可以用「非」（異）字去表示，豈但白馬與馬？這在惠施說「萬物畢同畢異」之玄學名理上有意義，在邏輯上無意義。它的邏輯上之作用是在藉之可以引我們去分別概念的不同，（這種分別不只是泛說的「異」），辨明「是」字與「非」字之各有不同的意義。還有一點便是引人對於概念自性的存有，有一種存有論的洞見，這是哲學上的價値。

以上是白馬論篇之所函。它有兩方面的發展：

（1.）由是非兩字各具有不同的意義一點，它向通變論發展，在那裏，公孫龍討論類的別異問題，與「積類與其所包含的分子」之關係問題。在此問題上，墨經派也參加辯論。因爲文字的簡略，更形成這問題的隱僻難解。可是如果我們記住以上的分解，把握住以上所說的綱領，則一看便知他們所討論的問題是什麼。儘管有隱僻難解處，而大綱領不會錯也。我們將在下章，合併墨經一起討論之。

（2.）由概念自性的存有，它向堅白論發展，在那裏，公孫龍接觸了認識論與存有論的問題。

前一支的發展是邏輯，後一支的發展是哲學。

第四節 「通變論」篇疏解

第一、上半篇原文疏解

曰：二有一乎？

曰：二無一。

案：數目「二」是由兩個單一合成，如是，亦可說「二」中包含有一。若但就「二」之自身觀之，二是二，一是一，二是個單一數，一也是個單一數，如是，亦可說二中沒有一。當公孫龍說「二無一」時，似乎是通着下文二無右亦無左。但此兩者並不完全相同。

曰：二有右乎？

曰：二無右。

曰：二有左乎？

曰：二無左。

曰：右可謂二乎？

曰：不可。

曰：左可謂二乎？

曰：不可。

曰：左與右可謂二乎？

曰：可。

案：單是右不可說二，單是左亦不可說二。但「左與右」合可以說二。可是左與右合所成之「二」有二義：一是由兩個東西所成的「二」本身，此即數目「二」本身；另一是由兩個東西所成的數目二本身以外的積類，而積類就包括兩物而言是物類，此義之「二」即是「兩者」之義。前者就是羅素所說的「類之類」。數是所有的類所成之類。例如「二」就是所有的偶類所成之類。通俗一點說，每兩個東西是一對，所有的兩個東西對所成之類便是數目「二」。「二」比偶類更高一層，更抽象一點。在此情形下，不但右不可謂二，左不可謂二，即「左與右」兩者亦不可謂「二」，乃是所有的兩者所成之類方是「二」。「左與右」不過是其中一個對（一個偶類）而已。如此自可說二中亦無左亦無右。猶之說男女是一個對，但「二」中亦無男亦無女；兩支桃子是一個對，但「二」中亦無這支桃，亦無那支桃。因爲「二」是所有的這些對之綜括，故更抽象，更高一層。但是右不可謂二，左不可謂二，左與右可謂二，此「二」若只是「左與右」兩者，則此「兩者」之二亦可以說既有右又有左。如是，公孫龍如果眞想維持其「二無右」，「二無左」之義，則「二」必須不只是「兩者」義，而是更高一層的那個數目二本身。二中無左無右是很顯明的，但二中無一卻不這樣顯明。因爲「一」與左、右不同。數目二雖不包含有左與右，男與女，但可包含有一。若一是「此一彼一」之一，則二中自不包含「此一」，亦不包含「彼一」。但是那個抽象的「一」只是一個單一，二是「一加一」，則二中自包含有一。故一對於二的關係和左與右對於二的關係並不相同。一對於二的關係好像部分空間對於全體空間的關係，全體包含有部分。（如果就全體整一本身說，則全體是全體，分割了後的部分自是部分，亦可以說全體中無部分。但此義並不妨礙說有部分。）「左與右」對於二的關係好像個體人對於「人」的關係。我們不能說那個抽象的「人」包含有孔子孟子於其中，只能說孔子孟子等個體人概括於「人」這概念之下。（此分別康德已說到）。

公孫龍對於數目「二」之抽象性似有一種直覺，但對於「一對於二之關係」以及「左與右對於二之關係」，未能審辨，是其粗略。吾人未可多求，予以疏導卽可。

曰：謂變非不變，可乎？【兪樾謂：「不」字衍。譚戒甫改「非」爲「而」。皆非。】

曰：可。

案：變自非不變，卽自是變。若變而不變，便成矛盾。何以有此不必問之問耶？蓋欲與起下文矛盾之問難，故此問亦甚有意義，焉可動輒妄改？

曰：右有與，可謂變乎？

曰：可。

案：「右有與」，卽與物相與而變成「右者」。

曰：變「隻」？【兪樾謂：「隻」爲「奚」字之誤。此說是。】

曰：右。

案：「變奚」，卽「奚變」，言「何所變耶」？或「變成什麼」？答曰變成「右」，實卽變成「右者」。問者以辭害意，故有下問。

曰：右苟變，安可謂右？苟不變，安可謂變？「曰」二苟無左又無右，二者左與右，奈何？【此三問是問者一氣問下，中間之「曰」字當移於下作答者之「曰」。】

【曰】：羊合牛非馬，牛合羊非鷄。

案：此「曰」字原誤置在上問中，今移於此。以上問答中，問者連發三問：一、「右苟變，安可謂右」？言旣認可「右有與」爲變，何以當吾問何所變時，復答曰「右」。此豈非變而未變乎？若眞是變，又何得說「右」？此是矛盾一。二、「苟不變，安可謂變」？假若「右有與」爲變後而仍是「右」，是卽等於未變。既「不變」，何以又承認「右有與」爲變乎？不變而謂變，豈非矛盾乎？此是矛盾二。前問：「謂變非不變可乎」？誘答者說「可」，卽伏此矛盾之難也。（兪、譚等，未能看懂，隨意妄改）。三、「二苟無左又無右，二者左與右，奈何？」此「奈何」之問，亦明其爲矛盾也。既認二中既無左亦無右，何以又說「二者左與右」？豈非既肯定有左與右又否定有左與右乎？此是矛盾三。

實則此三矛盾皆似是而非。關於一、「右有與」之變，所謂變成「右」，實卽變成「右者」。右與右者不同，故不矛盾。（此「不同」中卽含有一種轉化——變）。關於二，既已變成「右者」，並非不變。故亦無「不變而變」之矛盾。關於三，「二」若是「左與右」兩者，則可以既有左又有右。若是數目「二」本身，則既無左亦無右，如上所解。公孫龍所謂「二」實指「二」本身言。難者只知「兩者」之義。

但是公孫龍當時並未察及「兩者」義與「二本身」義之不同，由此不同以答之，卻轉而別舉一例以答之，卽：「羊合牛非馬，牛合羊非鷄」。以「羊合牛」中無馬，因而亦非馬，來比那個抽象的二中無左無右。此類比並非健全。羊合牛非馬，馬自亦非「羊合牛」。從馬非「羊合牛」方面說，可比二無左無右。但馬並非由「羊和牛」而成，此根本是兩個不同的並列類。但二卻由「左與右」所成，此是高低之兩層。（左與右所成之二是數目二，始能反過來說二無左無右）。故此類比爲不恰也。（少分相似）。並不眞能說明數目二對於左、右之關係。但由此例之說明，乃牽連及類之別異問題以及積類與其所包含的分子之關係問題，此復引生一新的邏輯眞理也。

曰：何哉？【此問卽要求對於上所舉例之說明】。

曰：羊與牛唯異：羊有齒，牛無齒；「而羊牛之非羊也，之非牛也」，未可。是不俱有，而或類焉。

案：孫詒讓云：『「而羊牛之非羊也，之非牛也」，子彙本及錢本並作「而羊之非羊也，牛之非牛也」，與謝注相合。然以文義校之，疑當作「而牛之非羊也，羊之非牛也」。下文云：「羊有角，牛有角，牛之而羊也，羊之而牛也，未可。是俱有，而類之不同也。」文正相對。墨子經說下篇云：「以牛有齒，馬有尾，說牛之非馬也，不可。是俱有，不偏有，偏無有。」墨子說牛非馬不可，猶此說牛非羊，羊非牛，不可。文異而意同，可互證也。明刻與錢校，皆非其舊。』（王啓湘：公孫龍子校詮引）。據此，此句本有兩種不同的刋載，再加上孫之校刋，共有三種讀文：

一、「而羊之非羊也，牛之非牛也，未可。」

二、「而羊牛之非羊也、之非牛也，未可。」

三、「而牛之非羊也，羊之非牛也，未可。」

第一種讀文顯然不通。因首句開始說：「羊與牛唯異」，而此忽說：「羊之非羊也，牛之非牛也，未可」，顯然文不對題。而舊注（卽謝希深注）則強爲之說曰：「牛之無齒，不爲不足。羊之有齒，而比於牛爲有餘矣。以羊之有餘，而謂之非羊者，未可。然羊之有齒，不爲有餘，則牛之無齒，而比於羊，固不足矣。以牛之不足，而謂之非牛者，亦未可也。是皆稟之天然，各足於其分而俱適矣。故牛自類牛而爲牛，羊自類羊而爲羊也。」此皆亂說一氣，根本不成義理。只是閉眼作文章。「是皆稟之天然，各足於其分而俱適矣」，此是郭象注莊之逍遙義。舊注據此以解此文，根本是風馬牛不相及。

第二與第三兩種，表面觀之，似皆可通，然實按之，孫校實有不可通處，而保存原文倒可解通。

依孫校，讀之似較順。以下文說「俱有，而類不同」，此說「不俱有而或類焉」。兩相對言，似是明羊與牛兩類間之所以同與所以異。不因「俱有」，而卽謂其同；亦不因「不俱有」，而卽謂其異。此似甚順。以墨經下「狂舉不可以知異，說在有不可」一經之經說作證，更顯此改有據。然細察之，則不然：

（1）「是不俱有，而或類焉」句不好講。下文「羊有角，牛有角，牛之而羊也，羊之而牛也，未可。是俱有，而類之不同也。」此甚顯明，即不因同有角而即謂羊是牛，牛是羊；雖「俱有，而類不同也。」此明「角」不是牛之所以爲牛，羊之所以爲羊之獨特的特性。亦猶牛羊同吃草，而不能因此即謂牛是羊、羊是牛也。如以此爲準，則「是不俱有，而或類焉」，當該是說：羊與牛雖不俱有齒，而或可能是同。即不能因「羊有齒，牛無齒」，即謂「牛之非羊，羊之非牛」。（依孫校）。牛自非羊，羊自非牛，但齒之有不有，不是其所以異之必要條件。究竟什麼是其所以異之必要條件不必說，但齒之有不有總非其所以異者。就事實上說，牛亦非完全無齒，只是無上齒而已。所以羊與牛，不能因齒之有無，而謂「牛非羊，羊非牛」。如此改過後的論辨顯然是在明齒之有無不足以別牛羊之異。但是結語卻是「是不俱有，而或類焉」。此是向「牛羊類同」說。牛羊本異，如何能同？或是說：「而或類焉」之「類」是說牛羊有相似處，因而可劃歸於一更高之類，如獸類，不是說「牛是羊，羊是牛」。但如此解，則與上句「不因齒之有無而即可謂牛之非羊，羊之非牛」之句意相衝突。蓋因此上句，若如孫校，明是表示：牛羊不能因齒之有無而即可謂牛非羊、羊非牛。故結語之「或類焉」不能解爲牛羊有相似處。因雖有相似處，可劃歸於獸類，亦仍不碍其異也。即，仍不碍牛之非羊，羊之非牛。但上句何以說「牛之非羊，羊之非牛，未可」？故如孫校，此結語不好講。

（2）墨經「狂舉不可以知異」，明是言牛馬之所以別異。如舉非其要，不足以別異，卽爲狂舉。如該經之經說解云：「牛與馬唯異；以牛有齒，馬有尾，說牛之非馬也，不可。是俱有，不偏有，偏無有。曰：〔牛〕之與馬不類，（「牛」字補）；用牛有角，馬無角：是類不同也。若舉牛有角，馬無角，以是爲類之「不」同也，（「不」字衍），是狂舉也。猶牛有齒，馬有尾。」此經說之文，無論從「俱有」方面或「不俱有」方面，語意似皆甚順，易知其是在表示「狂舉不可以知異」，亦函「狂舉不可以知同」。詳見下。而公孫龍此文則卻向「是不俱有，而或類焉」方面說。此似不在明羊與牛之別異。羊與牛自不同，但此似是進一步說另一層意思。依孫校，自是向別異方面說。但「而或類焉」句又不好講。我們以墨經作例，自是希望其向別異方面說，因爲如此，可與下文相對稱，甚整齊，可使別異觀念之表示甚顯明而完整。但是公孫龍當年卻並未這樣完整，彼當時之觀念似乎多一點，而又承上文「羊合牛，非馬，牛合羊，非雞」而說，似乎並未完全集中注意於牛羊之別異問題。（墨經是如此）。故墨經「狂舉不可知異」一條似乎不能作爲校改此文之根據。

第二種讀文是不變動原文。此將如何順通？主要是將「羊牛之非羊也，之非牛也，未可」句中之「羊牛」視作「積類」。「是不俱有，而或類焉」之「類」亦指牛羊並積而成一積類言。如是，此整段文意似當如此：「羊與牛唯異（唯、惟、雖通用）：羊有齒，牛無齒；但若說「羊牛」積而非羊、非牛，則不可。蓋因牛與羊雖異，但亦可類而並積於一起而成一積類」。羊雖不是牛，牛雖不是羊，但牛羊積而成積類（卽「羊合牛」），則可以既是羊，又是牛。此是由羊牛之異推進一步說，正承上文「羊合牛非馬」，先說「羊合牛」之邏輯意義，至于「非馬」一層則留在下文說。「羊合牛」卽是「羊與牛」，簡單言之，卽是「羊牛」，此卽是「羊牛」積而成一積類：「羊與牛兩者」，「既是羊又是牛」。卽依此而說：「羊牛之非羊也，之非牛也，未可」。此卽等於說：「羊牛」積，不是羊不可，不是牛亦不可；而此卽等於說：羊牛是羊，羊牛是牛，而此「是」字是「函着」意。其式如下：

"羊．牛"⊃羊，"羊．牛"⊃牛；$a \cdot b \supset a$，$a \cdot b \supset b$。

而此亦卽呼應下文：「羊不二，牛不二，而羊牛二；是而羊而牛、非馬，可也。」

由牛羊之異推進一步說牛羊積類，亦並非不可，不必與下文「是俱有，而類之不同也」之別異問題完全對稱也。一說異，一推進一步說積類，亦未嘗不可。不必與墨經完全相似也。惟人常總以爲此是講羊牛之異，故易順此異讀下去。若忽然又推進一步說積類，則心理上覺有突兀之感。實則此感亦容易祛除。蓋何以必不可推進一步說積類耶？而何況此正承上文「羊合牛非馬」而來耶？

又如此講，尚有一點不利處，卽「羊牛之非羊也，之非牛也」，此種句法不甚合乎通常之習慣。古人尤其少有此種句法。故人總覺此句不甚通順而思有所改正。實則若改作「而羊牛之非羊、非牛也，未可），將當中之「也」字與「之」字删去，或只去「之」字，亦甚通順。此亦即墨經「而牛馬非牛非馬、無難」之句法也。（句意雖不同。見下）。

如是，第二第三兩種讀文，雖似各有利弊，而兩相比較，利取其小，弊取其大，則孫氏之校改實不如不改之可通也。孫校，讀之雖較順，而不知其名理難通也。此即利小而弊大，故不取焉。彼之所以必加校改者，以彼無「積類」之邏輯知識也。但原文「二者左與右」，「羊合牛、非馬」，「羊不二，牛不二，而羊牛二」：凡此明皆是積類之觀念。人於此最簡單之觀念反不能正視，卻專向隱僻處穿鑿，故愈講愈亂也。

羊有角，牛有角，牛之而羊也，羊之而牛也，未可。是俱有，而類之不同也。

案：前文由牛羊之異，進一步說積類，並不因其異即不可說積類也；而此段則正說羊牛之異，不因其同有角，而即可說羊是牛、牛是羊。此亦未嘗不相當對稱也。

羊牛有角，馬無角。馬有尾，羊牛無尾。故曰：羊合牛、非馬也。非馬者、無馬也。無馬者，羊不二，牛不二，而羊牛二；是而羊而牛、非馬，可也。若舉而以是，猶類之不同。若左右，猶是舉。

案：此即正式講「牛合羊、非馬」句。前文言「羊牛之非羊、非牛也，未可」，這是因爲「羊合牛」之積類中「旣是羊又是牛」（羊與牛兩者），故邏輯地言之，「羊合牛」不能不是羊，亦不能不是牛。卽：羊牛函着羊，羊牛函着牛。但是現在我們可以進一步說「羊合牛」之積類一定「非馬」。（不必管所擧之別異之特徵有當否，如有尾無尾並非顯明之差別。但總有其不同處。此卽是說，只要有一點異，卽可區別「牛羊」積類與馬之不同，因而可說「羊合牛非馬」）。所謂「非馬」者是說「羊牛」積類中並無馬一成分。故曰：「非馬者，無馬也」。此言「非馬」與「白馬非馬」根本無關。吾人固亦可說「羊合牛」異於馬，不等於馬，但主要地卻是「羊合牛」中並無馬之成分，因而「非馬」，並不只是異或不等也。又「白馬非馬」可以引起爭辯，若非特別聲明「非」字是「異」義，則「白馬非馬」不但與「白馬是馬」形成矛盾，而且其自身卽自相矛盾。但「羊合牛非馬」乃無可爭辯者。「羊合牛」一積詞與「白馬」一概念亦根本不同者。故此處「羊合牛非馬」一主斷與「白馬非馬」一主斷乃根本是兩會事，不可拉在一起說。因爲「羊牛」積類中根本無馬一成分，故曰：「無馬者，羊不二、牛不二，而羊牛二，是而羊而牛、非馬，可也」。此卽表示：羊牛積類等於「而羊而牛」，等於「旣是羊又是牛」等於「羊與牛兩者」。而「羊與牛兩者」意卽等於：「非羊或非牛」是不可的。其式如下：

"羊·牛"＝非（非羊或非牛）；$a \cdot b = -(-a \vee -b)$

這自然無馬，亦因而「非馬」。就「羊牛」積類說，這是說積類本身之意義；而上文「羊牛之非羊也、非牛也，未可」，則是說此積類本身之義所函的兩個命題：羊牛函着羊，羊牛函着牛。故此兩段相呼應。

但「羊牛」積類之無馬、非馬，亦可進而說這是類之不同。羊與牛本亦類不同，但羊牛合而成積類，與馬亦仍是類不同。〔成積類不必靠有相同之特徵，即全異亦可積。但若全同，則只是一物：“a·a=a”，而不是兩物積：“a·b”。但是個體物無完全相同者。〕故曰：「若舉而以是，猶類之不同」。但此中類之不同與「二無左無右，二者左與右」不完全相似。若左與右所成之二是「左與右兩者」，則此「兩者」亦左亦右。若所成之二是數目二本身，則此二中無左無右。二中雖無左無右，但卻由左與右乃至男與女，夫與婦等所抽成，（此即「二者左與右」）。但卻不能說馬由「羊與牛」所抽成。又數目二本身由左與右等所抽成，此亦可函說「左與右」不同於二，故似亦可說「左與右」非二，但此「左與右」之非二並不同於「羊合牛」之非馬。故「二」與「左與右」之關係不甚同於馬與「羊合牛」之關係。公孫龍云：「若左右，猶是舉」。實則不全相似也。舉例以明，少分相似亦可。但此中確有不同。「羊合牛」是兩獨立物之並積，結果只是「羊與牛兩者」，而此兩者與馬之不同類亦是並列地相排拒之不同類，馬並非高一層。而由左與右，男與女等抽成數目二，則卻是抽象上之不相同層次，「二」確是高一層。故以馬喻二，並不完全相同也。主要是在：一是數目問題，一是物類之並積問題。此兩者須要分別處理。公孫龍雖未察及，但其辯論卻已顯示出此中之歧異。

牛羊有毛，鷄有羽。謂鷄足、一；數足、二。二而一，故三。謂牛、羊足，一；數足，四。四而一，故五。牛、羊足，五；鷄足，三。故曰：牛合羊、非鷄。非有、以非鷄也。

案：此是解析「牛合羊非鷄」一句。此句與「羊合牛非馬」句完全相同。爲說明「二者左與右」之問題，只上句之說明卽可。但古代好辯之名理家不似近人之嚴整，故隨時有精察，亦隨時有琦辭出現。「牛合羊非鷄」之說明，卽其例也。「牛羊」之非鷄固然由於一有毛，一有羽，但亦可以從它們之「足」不同而表示。但說到足不同，卻又不簡單地只說鷄足二，牛、羊足四，而卻由其無謂之精察又引出一些在名理上並非無謂之新觀念，此卽「謂鷄足」與「數鷄足」之別是也。「謂足」是總持地說足，「足」是一抽象之概念，卽足自己，故一。「數足」是數某物之足之數目，此是「足」之落實說，散於其數上說，故有足數之不同。卽由此差別，亦可表明「牛合羊，非鷄」。從鷄足起，可以說到三（如文）。並非說鷄足之數是三。天下篇載有「鷄三足」一條，此是社會上之誤傳。遂成爲怪說。按之此處，顯然並非說鷄足之數是三。但合併一與二爲三，而說「鷄足、三」，合併一與四爲五，而說「牛羊足、五」，全是無謂的「玩琦辭」，故遂有誤傳之「怪說」。從牛或羊之足說起，可以說到五（如文）。並非說牛或羊之足數是五。而不管牛羊與鷄、其足數之內容如何，或毛、羽之內容如何，此目的是在說「牛合羊」之積類非鷄。不是討論它們間的內容差別如何也。卽，總目的是在藉內容之異而明「牛合羊」一積類之非鷄，此「非」是着重在積類之非，不是着重在因內容不同而分類也。說非鷄，非馬，是說「牛羊」積類與其所包含的分子以外之類相非。故前云：「非馬者，無馬也」。而此亦可曰：「非鷄者，無鷄也」。此處言「非有、以非鷄也」，意卽言：「牛合羊」之所以非鷄，正因其中無有鷄而非鷄也。本卽前句「非馬者，無馬也」之意。舊注猶能就此意解此句，故云：「牛羊之中無鷄，故非鷄也」。而其他解者，則離奇古怪，荒謬百出。既着重在「牛合羊」積類之非鷄，故就「牛羊」積類本身說，則亦可說：「牛不二，羊不二，而牛羊二，是而牛而羊、非鷄，可也。」

由以上之討論，總而言之，設置其非鷄、非馬一層不論，此已顯示出積類之意義，並已顯示出函有兩組引申之結論：

一、就「牛合羊」是「而牛而羊」言，則可函有兩命題：「牛羊是牛」，「牛羊是羊」。此「是」字是「函蘊」義。此卽「羊牛之非羊也，非牛也，未可」一句之所示。如下式：

"牛・羊"⊃牛，"牛・羊"⊃羊；$a \cdot b \supset a$，$a \cdot b \supset b$。

二、「羊牛」積類既只函着牛，而不就是牛，既只函着羊，而不就是羊，故又可引申出兩個命題：「羊牛非羊」，「羊牛非牛」。此「非」字是「不等」義。如下式：

"羊・牛"≠羊，"羊・牛"≠牛；$a \cdot b \neq a$，$a \cdot b \neq b$。

以上是通變論之上半篇。此下開端別起，無甚邏輯意義。恐隔斷文氣，茲暫置之。且繼續討論與上有關之墨經。上文已常提及墨經。蓋墨經中有兩條與此相對應也。通變論通，則墨經中相對應之兩條亦通矣。故願附於此合併討論之。

第二、與墨經比觀

墨經下云：狂擧不可以知異，說在有不可。

經說下云：牛「狂」與馬惟異；以牛有齒、馬有尾，說牛之非馬也，不可。是俱有，不偏有，偏無有。

曰：「之」與馬不類，用牛有角，馬無角：是類不同也。若擧牛有角，馬無角，以是爲類之「不」同也，是狂擧也。猶牛有齒，馬有尾。

案：此「經說」分兩段。首段中之「狂」字與「牛」字倒。依經說所表現之一般體例，「狂」是標牒字，卽「牒經標題」之意。（梁啓超首撰此句）。「狂」卽「狂舉」之簡單化。如是，當爲「狂〔舉〕：牛與馬惟異。……」俞樾與孫詒讓皆認「狂」爲「性」字之誤，是猶未能識此體例也。近人大抵類能知之，無異議。

此首段是說：牛與馬雖異，（孫詒讓謂：唯、惟、雖三字通用），但「以牛有齒，馬有尾，說牛之非馬也，不可」。何以故？因齒與尾是牛與馬所「俱有」故，不是某一有，某一無有。孫詒讓謂：「按大戴禮記易本命云：戴角者無上齒，無角者膏而無前齒。蓋牛有下齒，馬有後齒也。公孫龍子通變論謂牛無尾者，以其有尾而短耳，非實無尾也。」墨經以爲齒與尾是牛馬之所俱有，惟有法不同耳。此是從肯定其爲「俱有」方面明齒尾之有法不同不足以別牛馬之異。若舉此而謂牛非馬，則是「狂舉」。公孫龍以羊與牛言，「羊與牛唯異：羊有齒，牛無齒；而羊牛之非羊、非牛也，未可。是不俱有，而或類焉。」（依前文疏解）。縱使牛亦有下齒，但畢竟與羊之全有者不同。公孫龍卽依此不同而說「是不俱有」。但不能因此「不俱有」，卽謂「羊牛」不可成積類。蓋彼是推進一步而說：「是不俱有，而或類焉。」此類是積類，不是因其同爲獸類而可劃歸爲獸類之類。蓋如是獸類，則不能說「羊牛之非羊、非牛也，未可」。墨經所說之意與公孫龍所說者並不相同，不可混爲一談。

次段,「之與馬不類」句中「之」字當爲「牛」之誤。解者皆認「之」字前脫「牛」字,當補一「牛」字。

此段有兩種講法:一、「不類」是說不屬於同一獸類。二、「不類」是說牛類與馬類不同。

依第一種講法,此第二段之意當如此:「有人曰:牛與馬不是屬於同一類的,因爲牛有角,馬無角,是卽表示其不是屬於同一類的(「類不同」)。如果眞有人以牛有角馬無角之故而說牛馬不屬同一類(「以是爲類之不同」),則是狂舉。其爲狂舉猶之乎上文以牛有齒馬有尾說牛馬之異。高亨墨經校詮取此解。吾人當不能以「牛有角馬無角」、牛馬之異,而卽謂其不屬於同一之獸類。牛馬旣可以對待地爲異類,又可以越過其對待而同屬於獸類。欲想證明其不屬於獸類,或任何其他更高之類,必須能證明牛與馬無任何相似處。若不能證明此點,只因牛有角,馬無角,便謂牛馬不屬於同一類,則便可說爲狂舉。此解於名理可通。但把類字解爲高一層之類似與原文語意不合。原來「類不同」明是指牛馬類不同言,不是說不屬於同一獸類。「類不同」與「不屬於同一類」,兩語意並不相同。「以是爲類之不同」亦明是指牛類與馬類不同而言,此亦不可解爲「牛馬不屬於同一類」。故此解與原文使用「類」字之語意似有不合。此是此解之不妥處。

依第二種講法，此第二段之意是如此：『今謂：牛與馬不類（卽異），因「牛有角，馬無角」故。此卽表示牛類與馬類不同也。（「是類不同也」）。如果有人以「牛有角馬無角」而謂牛類與馬類同，則是狂舉。（『以是爲類之「不」同也』，「不」字衍）。其爲狂舉猶之乎上文牛有齒馬有尾之不足以別異。』孫詒讓取此解，但必須刪一「不」字。此與「類」之語意較合。若如此解，則原文之意是如此：牛有角，馬無角，此很顯明地足以表示牛類與馬類不同。若有人想用「牛有角馬無角」來表明牛類與馬類同，那此人定是失心瘋，其舉自然是狂舉。此函說：要想證明牛類與馬類同，（同是兩類相同，不是同屬於一更高之類），必須能證明它們無一毫異處。你不能從異點來證明它們相同。從異點證明它們相同，乃是南轅而北轍，是自相矛盾的。

以上兩解各有利弊。高解的利處是不刪字，但語意不合。孫解之利處在語意較合，而須刪字。然利取大，弊取小，孫較似更合原意。蓋此兩段經說，首段似在從別異方面說狂舉，卽要想別異，不能舉其同處（俱有）。次段則似從相同方面說狂舉，卽要想說同，不能舉其異處。此則甚爲對稱。如是，經辭「狂舉不可以知異」亦函說「狂舉不可以知同」。解者常以爲經辭只說「異」，故以爲經說兩段亦必須皆就「異」說。實則此亦不必。

又，首段說「異」，當然亦可進一步就其相似處說其屬於一更高類，這是另一義。但要說其異，則必須舉其異處，不能舉其同處。惟首段所舉之例並不甚恰。儘管「牛有下齒，馬有後齒」，牛亦有尾，惟形短耳，然此上下之異，尾形不同，亦是牛馬之本質的差異，並不可籠統地認其爲「俱有」，便謂此不足以別牛馬之異。故墨經舉此例以明「狂舉」實不算妥。

次段說「同」，當然亦可進一步說其屬於一更高類之同，但原文似不說此義。屬於一更高類之同，當然不碍其異。但若想說兩類相同，則固不能就其異說，且必須能證明其全無異，不只說其有相同處而已也。只說其有相同處，只能明其屬於更高類，而不能謂其無異也。

× × × ×

墨經下云：牛馬之非牛，與可之。「同」。說在兼。

經說下云：〔牛馬〕：或不非牛而非牛也，則或非牛「或牛」而牛也，可。故曰：牛馬非牛也、未可，牛馬牛也、未可，則或可或不可，而曰：牛馬牛也，未可，亦不可。且牛不二，馬不二，而牛馬二，則牛不非牛，馬不非馬，而牛馬非牛非馬，無難。

案：經文中「同」字疑涉此條下經文「循此與彼此同，說在異」中之「同」而衍。可删去。高亨墨經校詮解此條則以爲「與可之同」疑當作「與可未可」。篆文「未」與「之」形同，遂誤爲「之」。「可」與「同」形似，遂誤爲「同」。「說中可與未可對言，卽其證。」高氏此說亦通。其解「與可、未可」意卽「可與未可」兩情形，不是對於「與可」之否定。其詮此經文曰：「牛馬者兩物之兼名也。牛者一物之單名也。謂牛馬之非牛，就邏輯形式上推斷，有時而可，有時而不可。但其是與非，宜從牛爲單名，牛馬爲兼名論斷之。故曰：牛馬之非牛，與可未可，說在兼。」此解頗順適，可謂得之。卽作「牛馬之非牛，與可之，說在兼」，亦甚簡單明瞭。牛馬非牛，何以可「與可之」？正因牛馬爲積類，兼有牛馬兩者，故可也。牛馬非牛卽不等於牛，當然亦可說牛馬非馬（不等於馬）。說中最後一句「牛馬非牛非馬無難」卽呼應此義。與可之，亦可不與可之。不與可之，卽函說「牛馬是牛」，「牛馬是馬」，此「是」字是函蘊義，意卽「函着」。故高氏校爲「與可、未可」亦不悖「說在兼」之意也。而且亦必函此「與可、未可」之兩可。如果當時原文眞是「與可、未可」，則說中許多可與不可之說法正是承此「與可、未可」之兩可而展開者，不可能有異解。如果當時原文不必是「與可、未可」，而只是「與可之」，則「與可、未可」之兩可亦必爲「說在兼」所必函，只說「與可之」亦只簡說一端而已。旣爲「說在兼」所必函，則說中許多可與不可之說法亦必相應此積類之兼而展開，不能離積類之兼而有異解。蓋此決然是積類與其所包含之分子之關係問題也。

關於經說，開頭原脫「牛馬」二字，此是標題字。普通只補一「牛」字，茲爲完整，補「牛馬」二字。又第二句『則或非牛「或牛」而牛也』，孫氏閒詁謂：疑當作「則或非牛而牛也」。此疑是。「或牛」二字衍，當刪。如是，此經說之意當如下順通：

牛馬：如果一方面「牛馬不是非牛而又實可非牛」，則另一方面「牛馬非牛而又實可是牛」，這也是可的。依此，故可曰：說牛馬不是牛（不函牛），不可；說牛馬就是牛（等於牛），亦不可。如是，則「是」與「不是」兩可能皆有「或可或不可」之兩情形，（此亦函「是」與「不是」兩俱可，兩俱不可），因而若一定說「牛馬牛也、未可」，這亦是不可的。（此亦函說：一定說「牛馬非牛也、未可」，這亦是不可的）。雖有如許之出入轉換，但若牛不二，馬不二，而牛馬二，則牛不非牛，馬不非馬，而牛馬這一積類非牛非馬，則總是可以說的（無難）。

在此，吾人可取通變論中所說與此經說兩相比較。

公孫龍說：不管羊與牛之特徵如何有異，但若羊合牛共成一積類，則「羊牛之非羊、非牛也，未可」，即「羊牛」既可以是羊，又可以是牛，而此「是」字是函蘊義，意即「函着」。如下式：

"羊·牛"⊃羊，"羊·牛"⊃牛，$a \cdot b \supset a$，$a \cdot b \supset b$。

此卽必函說：「羊不二，牛不二，而羊牛二，是而羊而牛，非馬，可也。」「非馬」一層可置不論，此段意思，簡言之，卽「羊牛二」是「而羊而牛也」也。「羊牛」之積類等於「旣是羊又是牛」，等於「羊與牛兩者」。其式是：

"羊．牛" = "而羊而牛"；$a \cdot b = a$ 與 b 兩者 (both a and b)。

此是說的積類本身，故「而羊而牛」不能分開說成兩命題，而只能說成「羊與牛兩者」（「旣是羊又是牛」，爲一整句）。而上面「非羊非牛未可」，則須分別寫成兩函蘊式。

但墨經則說：「牛馬非牛非馬、無難」。此似與龍說衝突而反對龍說者。然實不相衝突，亦不能反對。蓋此處「牛馬非牛非馬」之「非」字所表示的是「不等」義，卽「牛馬」不等於牛，「牛馬」不等於馬。其式如下：

"牛．馬"≠牛，"牛．馬"≠馬。$a.b \neq a$，$a \cdot b \neq b$。

而公孫龍說「非羊非牛未可」，其所表示的乃是「羊牛」函着羊，「羊牛」函着牛。而「函着」卽表示「不等」也。故不衝突，亦不能反對。墨經亦並未表示「反對」意。如解者以爲反對，則是解者之不懂。

「牛馬」旣不等於牛，而可函着牛，旣不等於馬，而可函着馬，故墨經云：「牛馬：或不非牛而非牛也，則或非牛而牛也，可。」牛馬「不非牛」卽「牛馬函着牛」，牛馬「非牛」卽「牛馬不等於牛」。如是此句意卽：『如果一方面「牛馬函着牛」，而又實可「牛馬不等於牛」，則另一方面「牛馬不等於牛」，而又實可「牛馬函着牛」，自是可的。』

由上可知：「牛馬不非牛、而非牛也」卽是：「牛馬牛也、未可」。「牛馬非牛、而牛也」卽是：「牛馬非牛也、未可」。而「牛馬牛也、未可」是說：「牛馬」積類中確又包含有一「非牛」之副類卽馬，故不能卽是牛；此卽表示說：「牛馬不等於牛」。「牛馬非牛也未可」是說：「牛馬」積類中確又含有牛一副類，故不能說不函着牛；此卽是說「牛馬函着牛」。故此兩「未可」句卽表示：

“牛·馬”⊃牛，“牛·馬”≠牛；$a\cdot b\supset a$，$a\cdot b\neq a$。

同時或立。

由此同時成立，卽可知無論牛馬牛也，或非牛也，（卽無論是與不是），每一面皆有「可」或「不可」兩情形，此卽「或可或不可」句之所示。「牛馬牛也」是「可」，這是「牛馬函着牛」；而「不可」、則是「牛馬不等於牛」。「牛馬非牛也」是「可」，這是「牛馬不等於牛」；而「不可」、則是「牛馬函着牛」。故此每一面之「或可或不可」根本就是「不等」與「函」之兩義。此兩義隨可與不可相出入相轉換。如從「牛也」說起，「可」是函着，「不可」卽出而向「不等」轉，轉入於「不等」。如從「非牛也」說起，

「可」是「不等」，「不可」卽出而向「函着」轉，轉入於「函」。此種出入轉換實爲「說在兼」（積類）所必函。當時寫此經說之人，實矇矓見到此「兼」中「函」與「不等」之兩義，而未能用專名確定地標誌出，故用了許多「可」與「不可」之字樣來回轉，遂把人轉糊塗，而陷入迷亂矣。其實甚簡易。

因爲每一面皆有或可或不可兩情形，故若一定說：「牛馬牛也未可」，這亦是不可的。而此也卽函還有另一句：「牛馬非牛也未可」，亦是不可的。故有云：「而曰：牛馬牛也未可，亦不可。【牛馬非牛也未可，亦不可】。」經說只說一句是簡約之辭。「牛馬牛也」是函着，「未可」是向「不等」轉；不等（非牛）再加上一「未可」，則又向「函着」轉。這還是不等與函來回轉。「牛馬非牛也」一面同。

不管如何出入轉換，且落實回應經文，而說：「牛馬非牛非馬」，總是可以的（無難）。因爲函與不等同時成立，不矛盾故。

吾信以上所說是此經說之確解，完全是積類與其所包含的分子之關係問題。墨經「說在兼」與經說最後一句「牛馬非牛非馬無難」是着眼於：牛馬不等於牛，牛馬不等於馬。公孫龍則是着眼於：牛馬函着牛，牛馬函着馬。

經說全文則用許多可與不可之句將函與不等之同時成立完全表現出，此則比通變論爲完備也。

第三、略評衆解

適言「說在兼」本是積類與其所包含的分子之關係問題。此關係是函與不等，本甚簡易。但因經說中用許多可與不可來回轉，遂使人陷於迷亂。易傳曰：「夫乾、天下之至健也，德行恆易以知險。夫坤、天下之至順也，德行恒簡以知阻。」本甚簡易，而如用文字表之，則不免於繳繞，此亦所謂險阻也。若能易以知險，簡以知阻，則不爲險阻所困而不失其簡易。若不能知本簡易，又不能知險知阻，則爲險阻所困，而又喪其簡易，是卽迷亂之所由也。以迷亂故，遂離奇古怪，荒謬百出。若復疏而通之，又須費更多之筆墨，不免益增讀者之險阻。然不能自默，略述歷來講此經者之困如下。

1.從孫詒讓說起

以上所解兩經文及兩經說文原相連屬。張惠言將後一條經文並前而爲一經，孫詒讓知其非。然於經說，則不知隨經文之分而分，蓋未能明此兩經說之意也。孫詁於後一經說「而牛馬非牛非馬無難」句下，引公孫龍子通變論篇云云，而結之曰：「但兩書文義皆冗複奧衍，不可盡通耳。」是孫氏根本未能明此經說與通變論所說爲何事也。然不知不強解，猶不失爲平實。

2. 馮友蘭之含混

馮友蘭略以含混籠統之語解此經說，而結之曰：「此與公孫龍白馬非馬之說有相同處」。(「中哲史」三三七頁)。案此與「白馬非馬」根本不同。「白馬非馬」是名之內容與外延問題，而此經說則是積類與其所包含的分子之關係問題。何不曰與通變論所說有相同處耶？此足見根本未明，以含混遊移之辭左閃右躲，以掩飾其不諦之見。凡與「白馬非馬」混在一起而從事糾纏者，皆當如此指出。

3. 沈有鼎之錯謬

沈有鼎解此經說云：

『「牛馬非牛」這論題引起了難者的反駁。難者說：牛馬一部分不非牛，一部分非牛，而你認爲「牛馬非牛也」這話是正確的，那末牛馬一部分不是牛，一部分是牛，你也該認爲「牛馬牛也」這話是正確的了。【案：此解「或不非牛而非牛也，可，(一本有「可」字)，則或非牛或牛，而牛也，可」。他把此句解爲難者覆述論主之意。】所以照我看來，「牛馬非牛也」這話不正確，「牛馬牛也」這話也不正確。【案：此解「故曰：牛馬非牛也，未可，牛馬牛也，未可」。他把此句視爲難者的主張。】

墨經答難者說：「牛馬非牛也」與「牛馬牛也」是一對矛盾命題，必有一正確，一不正確。（因爲在這裏只有兩句話，所以「或可或不可」等於「一可一不可」）。你旣認爲我的「牛馬非牛也」這話是不正確的，那你又認爲「牛馬牛也」這話是不正確的，顯然不行。【案：此解「或可或不可，而曰：牛馬牛也未可，亦不可」。他把此兩句視爲墨經的反駁。把「而曰」之「而」解爲「你」。】

說「牛馬非牛也」與說「牛馬非牛也、可」是完全一樣的。說「牛馬牛也、未可」與說「牛馬非牛也」也是完全一樣的。

「牛馬」兼牛與馬兩樣東西（牛馬二），而牛則不兼兩樣東西（牛不二），所以「牛馬非牛」。這裏難者把「牛馬非牛」解成「牛馬盡非牛」，而墨經所說「牛馬非牛」只是「牛馬非盡牛」的意思。換言之，難者把「牛馬牛也」與「牛馬非牛也」認作全稱肯定與全稱否定，因此排中律就不適用於這樣一對反對命題，而二者之間還容許一個兩不可的立場。墨經則把「牛馬牛也」與「牛馬非牛也」認作全稱肯定與特稱否定，因此排中律就適用這樣一對矛盾命題，而二者必有一可一不可了。「牛馬」一詞項在這兩個命題中也是一周一不周。』（見其「墨辯的邏輯學」一文。載某報。）

案此解完全不行。

（1.）讀法語氣問題。他首先設想此經說爲主賓雙方之論難，因此他以一難一答的語氣讀此經說。經說是簡單地說明經辭，大抵是直陳逕說，很少（幾乎根本沒有）表現爲一難一答的曲折辯說。此說從開頭起，繼之以「故曰」，「則」，以至於「而曰」，諸連結詞，亦不足以表示是一難一答之曲折辯說。若非沈氏如此添加，則很少有能讀成如此曲折的。

（2.）如此讀法的內容問題。他認爲墨經只主張「牛馬非牛也」，而不主張「牛馬牛也」。因此，他認爲這是一對矛盾命題。（也正因爲他把這兩命題看成是矛盾的，所以才認爲墨經只主「牛馬非牛」）。他把「則或可或不可」這個「則」字句視爲墨經方面的申明語，其中之「或」就是說的這一對矛盾命題間的「或」，是一個矛盾的「或」，因此必有一可一不可，「或可或不可」就等於「一可一不可」。這兩命題不能兩俱可，兩俱不可。因此，「故曰：牛馬非牛也、未可，牛馬牛也、未可」這兩「未可」的「故」字句便視爲是難者的主張。

（3.）進一步，他復講明墨經何以把那一對命題視爲矛盾的一對，一可一不可，而難者又何以把那一對視爲兩不可，不是矛盾關係。他認爲墨經說「牛馬非牛也」，其意不是「牛馬盡非牛」，而是「牛馬非盡牛」，因此這是一個特稱否定命題（O），而「牛馬牛也」則是全稱肯定命題（A）。〔案這種比法在命題形式上是不倫不類的〕。他認爲難者視「牛馬非牛」是「盡非牛」，是全稱否定（E），「牛馬牛也」是全稱肯定（A），因此這是A與E，是大反對的一對，可以俱假（兩不可），而不是矛盾的一對，不是一可一不可。

讀者顯然可以看出，這解法是錯誤的。「牛馬非牛」，「牛馬牛也」，這根本不是主謂式，亦不是主賓類間的包含關係與排拒關係。而且「牛馬非牛」意卽「牛馬不等于牛（非盡牛）」。這句子本身，從形式上說，不能解爲O命題：你不能說「有牛馬非牛」，只能說「牛馬中有一部分是牛，有一部分非牛，故不能盡非牛」，這如何是O命題？你不能因「非盡牛」故，而說「牛馬非牛」是O命題。同樣，「牛馬牛也」也不是A，也不能解成A。你不能說：「所有的牛馬都是牛」。你既知「牛馬非牛」是「非盡牛」，何以硬說「牛馬牛也」就「盡是牛」？豈不可只有一部分是牛耶？「牛馬牛也」只是「牛馬函着牛」。這也不是主謂式，也不是主賓類間的包含關係。任何人一見便知「牛馬牛也」中所隱含之「是」字是「函着」義，不是主賓類間的包含關係。故這種比法不倫不類。

「牛馬」旣是「兼牛與馬兩樣東西（牛馬二）」，則「牛馬非牛」顯然是「牛馬不等于牛」，卽沈氏所說的「非盡牛」，無人能講成「盡非牛」。何以硬假想一難者，而又硬派給他視「牛馬非牛」爲「盡非牛」一罪名？經說文中能顯示此意嗎？沈氏認爲「故曰：牛馬非牛也，未可；牛馬牛也，未可」這兩「未可」卽顯示難者視「牛馬非牛」爲「盡非牛」，爲否定（不通的比法）。就「牛馬」是一積類說，這兩「未可」根本與A與E無關。且根本，能視爲A與E的表示。這是硬設想一難者，又硬派給一罪名。根本毫無根據。「牛馬」既是一積類，則「牛馬牛也未可」卽表示「牛馬不等于牛」。（「未可」是否定那「就是牛」、「等于牛」，不是說「不函着牛」）。「牛馬非牛也未可」卽表示「牛馬函着牛」。（這「未可」是否定那「不函着」，不是說「等于牛」）。「牛馬不等于牛」不是O命題，而「牛馬函着牛」也不是A命題。因而也無所謂矛盾。此卽表示此兩命題同時成立。牛馬「牛也」與「非牛也」，任一面皆有可與不可兩情形，卽「函」與「不等」之兩義：「牛也」是「函」，「未可」是「不等」；「非牛也」是「不等」，「未可」是「函」。故曰「或可或不可」。這「或」字不是表示此兩命題是矛盾的一對，一可一不可，乃是表示此兩命題任一命題皆有可與不可兩情形。經說中兩「未可」句亦函兩「可」，此卽表示任一面（牛也與非牛也）皆有可與不可兩情形。

經與經說既俱以「牛馬」積類與其所包含的分子之關係之說明爲主旨，則經說從頭起到「而曰」句止，乃是一條鞭相承而下，卽在說明此兩俱可兩俱不可之意，因任一面皆有「函」與「不等」兩義故。既是兩俱可兩俱不可，則「牛不非牛，馬不非馬，而牛馬非牛非馬無難」，自無問題。「牛馬非牛非馬無難」（此說「不等」），則亦意許「牛馬而牛而馬無難」（此說「函」）。何以故？「說在兼」故。

總之，既確定這是積類與其所包含的分子之關係問題，則「函」與「不等」之兩義同時成立乃係必然者。即依此義而說「牛也」與「非牛也」兩俱可兩俱不可。因此任一面而有「或可或不可」之兩情形。經說即順此綱領而說。雖用許多可與不可來回轉，未能確定道出其所以，然總是在此綱領下，則無可疑。依此，這決不是一難一答的兩種主張對截，也不是「一可一不可」與「兩不可」的對辯，而墨經也決不是只主張「牛馬非牛」一面，因爲這與「積類」的函義相衝突。積類與其所包含的分子之「函」與「不等」的關係式不是「凡人有死」與「凡人不死」或「有人不死」這種命題式，也不是「白馬是馬」，「白馬不是馬」這種命題式。

沈氏的錯誤是在未能握住這綱領，他不知這是積類與其所包含的分子之關係問題。因此，他首先認爲墨經只主張「牛馬非牛」，而不主張「牛馬牛也」。他不知就積類而想，這是同時成立的，不是矛盾的一對。如果墨經眞如沈氏所說，則墨經自身不一致，不知其所說的「說在兼」是什麼意義。我們自當指出。但墨經並不表示此意，經說之可與不可之來回轉亦不表示此意。我們只能就「積類」之觀念而順暢之，不能由一錯誤的想法想一錯誤的主張而再錯誤地曲成此錯誤的主張。沈氏設想一難者主張「兩不可」，並以AO與AE來說明他所認爲的墨經之「一可一不可」一主張之是與他所設想的難者之「兩不可」一主張之非，這都是再錯誤地曲成此錯誤的主張，因而愈說愈謬，終陷于邏輯的自困而不覺。

依此，此經及經說實當如下順通：

經下：牛馬之非牛，與可之。「同」。說在兼。【「同」衍。或如高亨校：「與可之同」爲「與可、未可」之誤。】

經說下：【牛馬】：或「不非牛而非牛也」，則或「非牛而牛也」可。【如果一方面「牛馬不非牛而亦實可非牛」，則另一方面「牛馬不是牛而亦實可是牛」也是可的。】

故曰：「牛馬非牛也」未可，「牛馬牛也」未可。【「牛馬非牛也」未可，此是承上「牛馬不是牛而亦實可是牛」而言。「牛馬牛也」未可，此是承上「牛馬不非牛而亦實可非牛」而言。】

則或可或不可，而曰：「牛馬牛也未可」亦不可。【此是結上兩俱可兩俱不可。】

且牛不二，馬不二，而牛馬二，則牛不非牛，馬不非馬，而「牛馬非牛非馬」無難。【此證成經意】。

4. 餘不暇辨

其餘如高亨作墨經校詮，于此經文之校詮尙順適無誤，而于經說則妄改首句爲「或非牛而非牛也可，或牛而牛也可」，而其詮解則又不能相應「說在兼」而順通之。看似彷彿，略得一二，因無邏輯知識，故雜亂乖違，轉說轉謬。不暇一一辨正。

又譚戒甫既作墨辯發微，又作公孫龍子形名發微，可稱專家。而于此經及經說以及公孫龍子通變論，則根本一字不懂，莫知所云。猶不如高亨遠甚。其解白馬論雖多乖謬，尙沾邊，至解通變論及此墨經經說，則連邊不沾。夫錯亦並不要緊，若能自成觀念，尙有可說。今乃無一語成倫次，豈不可嘆！

最差謬者爲汪奠基。彼作中國邏輯思想史料分析第一輯（先秦部）。彼不分析尙好，一經分析，幾無一語中肯。撫拾浮詞，東拉西扯，誤用濫用，似是而非。錯謬乖違，不可究詰。此書惟一好處，在搜集原料完備周詳。可稱方便，餘無可取。

第五節　「堅白論」篇疏解

第一　原文疏解

A、認識論的論辯

第一問答

堅白石三、可乎？

曰：不可。

曰：二、可乎？

曰：可。

曰：何哉？

曰：無堅得白，其舉也二。無白得堅，其舉也二。

案：以上爲標宗問答。綜三問答而爲一問答。堅、白、石雖有三詞，從其表現上說，則只有二：或堅與石二，或白與石二，總要藏一個，故只可說二，不可說三，堅與白不能同時相盈，並著于石，此卽所謂堅白離。以下申辨其理由。

第二問答

曰：得其所白，不可謂無白。得其所堅，不可謂無堅。而之石也之于然也，非三也？

曰：視不得其所堅，而得其所白者，無堅也。拊不得其所白，而得其所堅。得其堅也，無白也。

案：問中「而之石也之于然也，非三也」？意卽：如上所說，此石之于如此情形，這豈非三乎？「得其所白」，自然有白，不在此說白離。「得其所堅」，自然有堅，不在此說堅離。公孫龍意是如此：視得白而不得堅，卽在此視覺上堅離，並非白離。拊得堅而不得白，卽在此觸覺上白離，並非堅離。因此，故曰堅白石二。

第三問答

曰：天下無白，不可以視石。天下無堅，不可以「謂」石。堅白石不相外，藏三可乎？【「謂」，失義。當爲「拊」。】

曰：有自藏也，非藏而藏也。

案：此漸透露出問者客觀主義之立場。白與堅都是客觀地存在于石上。「不相外」之「外」有歧義。問者之意是如此：堅白兩者相與並存于石上。「不相外」、正面說，卽下文之「相盈」。「相盈」意卽「相與並著」，並無缺陷。盈，充盈也。故此「外」字既不是內容上的相排拒，如堅不是白，白不是堅，亦不是空間上的隔離異處，如堅在此一區，白在另一區。因此，「不相外」亦不是內容上的相卽，如堅卽白，白卽堅。堅當然不是白，白亦當然不是堅。但堅白兩屬性（特徵）可以相與並著（並存）于石上。又「不相外」亦不必限于同一空間，同一區域。對應公孫龍所說之「離」或「藏」言，「不相外」只是相與並著，而偏于「並著」。「並著」言堅對白不離，白對堅亦不離。不離卽不隱藏，不泯滅：白呈現，堅同時亦可呈現，不因視覺不得卽不呈現；于白亦然，堅呈現，白同時亦可呈現，不因觸覺不得卽不呈現。故「不相外」與空間之異處不異處無關。墨經上：「堅白不相外也」。經說云：「堅【白】得二：異處不相盈，相非，是相外也。」此經說之意似是如此：「異處」若白雪堅石，此堅白可謂不相盈，相非，相外。若在同一石，則必相盈，相得，相盡。（相得相盡，依墨經上及經說上之詞語說）。此似是將隱不隱之相外不相外轉而爲空間之異處不異處：異處相外，不異處不相外。此非此處問者所說「不相外」之意。若依隱不隱言，卽使空間不異處，公孫龍仍可說其隱藏。卽使空間異處，問者仍可說其不隱藏。故知此處問者所說之「不相外」與空間之異處不異處無關也。

以上是問者所說「不相外」之意。既不相外，何以「藏三」？「藏三」依公孫龍意，卽從表現上不可說三，只可說二。不可說三，卽無三，而「三」之義泯。泯卽隱離而匿藏也。今既不相外，而相與並著，則「三」何以隱泯而離藏耶？答曰：其藏是其自己自然而如此，（意卽理上本就如此），非我叫它藏。何以見得理上就是如此？以下第四問答卽進而申辯之。

關于此「藏三」一詞，社會上不解其意，復誤傳而爲一怪說，卽「臧三耳」之說。此亦猶不解通變論中「鷄足、三；牛、羊足，五」之意，誤傳而爲「鷄三足」也。關此，呂氏春秋淫辭篇云「…孔穿公孫龍相與論平原君所，深而辯，至于臧三耳。公孫龍言臧之三耳甚辯，孔穿不應。少選，辭而出。明日，孔穿朝。平原謂孔穿曰：昔者公孫龍之言甚辯。孔穿曰：然，幾能令臧三耳矣。雖然，難！願得有問于君：謂臧三耳，甚難，而實非也；謂臧兩耳，甚易，而實是也。不知君將從易而是者乎？將從難而非者乎？平原君不應。明日，謂公孫龍曰：公無與孔穿辯。」（孔叢子「公孫龍篇」此下尚有：「其人理勝于辭，公辭勝于理。辭勝于理，終必受絀。」四句）。王啓湘首指出臧與藏、古通。將「藏三」與否之辯，誤傳而爲臧獲兩耳或三耳之辯。案此說是。然其就堅白論所作之解析則全非。其言曰：『又孔叢子載龍之言，有所謂臧三耳者，疑亦不達古義者所爲。蓋孔叢子僞書，固不足信。而斯言，今見于呂氏春秋淫辭篇。其原文當云：「謂臧兩耳、甚易，而實是也。謂臧三，甚難，而實非也。」因臧獲之臧及藏匿之藏，古均作臧。淺人不知臧爲藏匿之藏，耳爲而已之義，乃疑臧爲臧獲之臧，耳爲耳目之耳，遂于「臧三」下亦增耳字。此「臧三耳」之說所由來也。（案：只要指出臧藏通用，呂氏春秋已是誤傳之記載，卽可。不必改「臧三耳」爲「臧三」。蓋衡之「堅白論」，公孫龍只言藏三，不言藏兩，而問者亦只反對藏三，不言藏兩也。此下王解全非。）殊不知所謂「臧兩耳」即指堅白之辯而言。堅白論云：「堅白石三，可乎？曰：不可。曰：二可乎？曰：可。」又曰：「堅白石不相外，藏三可乎？」（案此是問者之難語）。又曰：「堅白域于石，惡乎離？」（案此亦問者之難語）。蓋以手拊石，知堅不知白。以目視石，見白不見堅。石則手拊之而知，目視之而見。是所藏者不過堅白而已。故僅可謂堅藏于白石之中，白藏于堅石之中，而不可謂石藏于堅白之中。此即所謂「藏兩耳」之義。』（「公孫龍子校詮」敘）。案此直閉眼瞎說。彼以問者之意誤作公孫龍正面之意，又誤以為龍不主藏三，主「藏兩」；而其解「藏兩」，則謂：「是所藏者，不過堅白而已。」意即「堅藏于白石之中，白藏于堅石之中，而不可謂石藏于堅白之中。」此全非原文之意。問者云：「堅白石不相外，藏三可乎？」此是對應開頭公孫龍以為「堅白石」從表現上只可說二，不可說三，而問。「藏三」即無三，問者之意是堅白石三者相與並著，一起呈現，何得言「藏三」（無三，不可說三）？不藏三，非主藏兩也。焉得有所謂「藏兩」之說？問者固不主「藏兩」，即公孫龍亦非主「藏兩」者。公孫龍只主「堅白石」不可說三。只可說二。只可說二者，對觸覺之堅言，白即藏；對視覺之白言，堅即藏。結果只有堅與石二，白與石二，而無所謂「堅白石三」也。此即所謂「藏三」。公孫龍主「藏三」，焉有所謂「藏兩」之說乎？若如王解，則是主「藏兩」，非主「藏三」，正成相反。故知王氏根本未明公孫龍「堅白離」之意。其改「呂氏春秋」亦妄改耳。蓋欲符合其「藏兩」非「藏三」之誤認也。是以知公孫龍「藏三」之辯，社會上誤傳爲「臧三耳、兩耳」之辯，呂氏春秋卽記載此誤傳而視爲「淫辭」。「藏兩耳」乃對「藏三」之誤傳而發者，非堅白之辯中原有「藏兩」之義也。白馬之辯，堅白之辯，「牛合羊非鷄」中「鷄足三、牛羊足五」之辯，社會上道聽塗說皆誤傳而失其意，故荀子視爲「琦辭怪說」，而呂氏春秋亦視爲「淫辭」也。名理學未能自立，亦未能成一傳統，遂一現而卽爲誤傳所折殺。後人不復能解原意，遂就社會上之誤傳，或只視爲怪說淫辭而忽之，或就其爲怪說淫辭而妄解，而益成其爲怪，而益淫。實則卽就今所存者而觀之，其原意又何曾怪乎？是以知社會上嘵嘵之口之害事，而又何足爲憑乎？柏克萊主所知者爲觀念，彼亦擬想到有吃觀念穿觀念之難而辨解之。若社會上聞其吃觀念穿觀念之辨說，而卽聲言曰：『柏克萊主吃觀念穿觀念，此誠「琦辭怪說」也！』此亦何嘗不可哉？然在西方，此卻並未成爲誤傳，亦並未折殺柏克萊之哲學，（雖解者不多），蓋因有一哲學傳統故也，不因道聽塗說或茶餘酒後之笑料而影響學問之獨立性也。然而中國之名家則亦不幸甚矣！

第四問答

曰：其白也，其堅也，而石必得以相「盛」盈，其自藏奈何？【俞樾云：「盛」，衍字也。案此說是。】

曰：得其白，得其堅，見與不見、離。「不見、離」，一一不相盈，故離。離也者、藏也。【「不見，離」三字，孫氏所據本無。删亦可，不删亦可。重此三字，亦並非不通也。又俞樾及譚戒甫皆讀作「不見離一，一不相盈。」非是。其所解皆迂曲妄解。】

案：此第四問仍續前表示石之白與堅相盈並著，不但堅與白相盈並著，卽石與堅白亦相盈並著，而得成一具體之石。此明是「堅白石三」，一時並現，云何「藏三」？又云何「有自藏也」？

答辭仍續前視不得堅而得白，拊不得白而得堅，以申明離藏之意。「得其白，得其堅，見與不見、離」，意卽視覺得白不得堅，觸覺得堅不得白，故在任一面皆有現與不現之情形，卽在此情形上，卽可表示一「離藏」之意。「見與不見」之「見」，若就視覺言，（舉視覺以概括觸覺），卽作「見」本字講；若賅視覺與觸覺而言之，則作「現」講。若分別詳細言之，依下文，於視覺，則言見不見，於觸覺，則言知不知；總言之，則言現不現。卽就此不現者，（不知者，或不見者），而言離藏。離卽與現者不相盈，藏卽隱藏而不現。「不見，離。一一不相盈，故離。」此言：卽在不現上說離，此亦卽表示現者之「一」與不現者之「一」兩不相盈，依此之故，故言離。離，不只是分離開不相盈之意，而且是離而藏，而偏重於藏，故結句云：「離也者，藏也」，即以「藏」字訓「離」。【「不見離」三字，保留可，删去亦可，原意皆能充分表現。】

墨經下云：不可偏去而二，說在見與「俱」：一與二，廣與修。【張純一說：「俱」上脫「不見」二字。高亨謂：「俱疑當作「不見」二字。（參看高著「墨經校詮」）。兩說皆通。不改亦可。】

經說下云：【不】：見不見【不】離，一二「不」相盈，廣修、堅白。【高亨謂：『說首當有「不」字，轉寫誤脫。不，標牒字也。今依例補。「相」上「不」當在離上，蓋轉寫誤竄耳。』（同上）。案此說是。】

蓋墨經派主張堅白盈，係客觀主義，與公孫龍相反者。故云「不可偏去而二」，以「廣與修」之相盈不離爲例。經中「一與二」句，普通是：一指石言，二指堅白言。不但堅白相盈，石與堅白亦相盈。此在義理上無礙。但若對應首句「不可偏去而二」之只就「二」而言，則「一與二」，似當解爲一是堅，二是白，此二是第二。首堅次白，綜起來是二，此「二」中不可偏去其一。若對應公孫龍之「堅白離」言，此解較恰當。若如普通所解，則不是「不可偏去而二」，而是「不可偏去而三」矣。若「一與二」指石與堅白說，則此經文之恰當的意義是如此：堅白不可偏去而二，說在見與不見俱；此如石與堅白俱，廣與修俱。此亦甚通也。

又經說中，依高亭校，當為：「見不見不離，一二相盈；廣修、堅白。」如此校，墨經自身一致，若不校改，則不一致。或以為後期墨辯（指經下及經說下言），關於此問題，與前期墨辯（指經上及經說上言）實有不同之主張。若如此，則後期墨辯投降於公孫龍矣。此說非是，不可從。而且經下亦有相盈之主張。如經下另一條云：「於一，有知焉，有不知焉，說在存。」經說下云：「於石一也，堅白二也，而在石。故有知焉，有不知焉，可。」又經下另一條云：「堅白，說在因。」經說下云：「無堅得白，必相盈也。」此皆相盈之主張，焉有異說，故知上列經說下必有錯簡，以高亭校改為是。

依是，墨經說「一二相盈」，又說「一與二」，此無論指石與堅白說，或即指堅白二者本身說，皆可通，而其意旨總是主相盈，與公孫龍之「不相盈」說相反。公孫龍此處說「一二不相盈」，即指堅白二者本身說，不必依墨經改為「一二不相盈」。（孫貽讓主改。參看王啓湘「公孫龍子校詮」。）

以上之論辯皆從官覺之得不得言，此可曰「認識論之論辯」。此下則是「存有論之論辯」。而問者之立場如一。

B、存有論的論辯

第五問答

曰：石之白，石之堅，見與不見，二與三，若廣修而相盈也。其非舉乎？

曰：物白焉，不定其所白。物堅焉，不定其所堅。不定者兼，惡乎其石也？

案：此問者之辭與上舉墨子經下「不可偏去而二」一條意同。惟該條言「一與二」，此則言「二與三」。「二」指堅白言，「三」指堅白之二與石之一合而爲三，卽「堅白石三」之三。此言無論「見與不見」，堅白二者總是相盈並著，而與石同時呈現，故總而爲三也。此「堅白相盈，與石爲三」之同時呈現，一若廣與修之相盈也。（廣修相盈例堅白相盈。正因堅白相盈，始得爲三也。言不得藏三。）焉能離藏其一而云「堅、白石二」乎？「其非舉乎」？言此「堅白石三」豈非同時全舉（呈現）乎？此「舉」字是對應「藏三」之不舉（不表現）而言。譚戒甫謂：『「其非舉乎」？猶言舉之正是也。此舉字，卽墨子上經第三十一條「舉，擬實也」之舉。』（譚著：「公孫龍子形名發微」三三頁）。案此解非是。此「舉」作「起」解，卽「呈現」之意。亦卽第一問答中「其舉也二」之舉。「其舉也二」是藏三，今不藏三，則是「其舉也三」。

答辯之辭不再如上作認識論之論辯，乃轉而作存有論之論辯。其意是如「白馬論」篇分別「白」與「定所白」而辯之。「物白焉，不定其所白。」此言物之白，如單說此白，乃是「白之自己」。白之自己卽白之不定其「所白者」。堅亦如此。「不定者、兼」，言「不定所白」之白，「不定所堅」之堅，乃是可以兼白其他之白，兼堅其他之堅，是一個普遍性，卽所謂「共相」。兼卽「普遍者」之意，由副詞轉爲名詞。「不定者兼」，則是堅、白之處於其自己，此亦是離藏意，但此離藏是存有論之離藏，卽堅白自己之潛存。堅白旣潛存，不附着於石而限定石，焉有所謂石（具體石）耶？此答不是對應問者之直答，似是別舉一義，以言離藏。然對問者之意而言，不是恰當之辯。通下文，窺龍之意，似是由認識論之離藏（官覺之得不得上之離藏）滑轉而爲存有論之離藏，（此兩者於義不同，不能滑轉）；復由存有論之離藏，堅白不附着於石不限定於石，遂言「石之無有」。一切屬性皆抽離而自存，自無現實而具體之石。旣無具體之石，自亦無具體之堅白。但此種離藏並無助於「堅白石二」（堅白不相盈）之主張。此中確有甚爲複雜之問題。公孫龍未能精詳。詳解見下第二、問題之總疏導。然彼確有洞見，故時有新義。至於明其分際而條貫之，則未能也。

又案舊注注此答辭曰：「萬物通有白，是不定白於石也。」（王啓湘謂『此當作「萬物通有白堅，是不定於白也。」陳本錢本不誤，當據改。』案此改非是。原注不誤。惟「萬物通有白」句，於義理不通。）夫堅白豈唯不定於石乎？亦兼不定於萬物矣。萬物且猶不能定，安能獨與石爲爾乎？」案此注雖恍惚，大意亦得之。原文是區別「白自己」與「定所白」之白。白自己是「不定所白」之白。「不定者兼」是言白之爲共相。共相之堅或白（堅白自己）不爲石所限，亦可兼白或兼堅其他之物，不言「萬物通有白」或「通有白堅」也。故此句不妥。堅白自己既不限定於石，當然亦不爲任何其他可能有堅白之物所限。此卽堅白離藏之意。堅白既離藏而潛存，不附着於石而限定石，此就石言，卽是抽離其一切屬性。既抽離其一切屬性，自無現實而具體之石。此是原文之原意。舊注未甚能切合也。「萬物且猶不能定」之「且」字句尤無意義。只是作文章。

第六問答

曰：循石，非彼無石，非石無所取乎白。【堅白】石不相離者，固乎然，其無已。

曰：於石一也，堅白二也，而在於石。故有知焉，有不知焉，有見焉，有不見焉。故知與不知相與離，見與不見相與藏。藏，故孰謂之不離？

案：此問辭中「循石」之循，譚戒甫曰：『當與上文「拊不得其所白」之拊同義。古書每拊循二字連文，見史記晉世家。晏子春秋問下篇第四云：「堅哉石乎落落！視之則堅，循之則堅，內外皆堅。」循之則堅，猶云以手拊石而得堅也。』（譚著三四頁）。此說是。

又，「非彼無石」之「彼」，舊注曰：「彼，謂堅也」。「石不相離」句，依舊注「石」上脫「堅白」二字，當據補。

答辭之辯離藏仍是認識論之論辯。此第六問答移於上作第五問答，則與前第二、三、四問答，更爲一律。而上第五問答「存有論之論辯」移於此作第六問答，則與下第七問答亦更相承接。

第七問答

曰：目不能堅，手不能白，不可謂無堅，不可謂無白。其異任也，其無以代也。堅白域於石，惡乎離？

曰：堅未與石爲堅，而物兼。未與【物】爲堅，而堅必堅。其不堅石、物而堅，天下未有若堅，而堅藏。【甲】

白固不能自白，惡能白石物乎？若白者必白，則不白物而白焉。黃黑與之然。石其無有，惡取堅白石乎？故離也。離也者因是。力與知（智）、果！不若因是。【乙】

且猶白以目【見，目】以火見，而火不見，則火與目不見而神見。神不見而見離。【丙】

堅以手，而手以捶。是捶與手知而不知，而神與不知。神乎！是之謂離焉。離也

者，天下故獨而正。【丁】

案：此第七問答中之問辭，意仍與前同。言手目異任，不能因異任之得不得，卽謂其所不得者爲離藏。推而廣之，官覺異任，亦不能因異任之得不得，卽謂其所不得者爲不存在。此與前同，仍是實在論之立場。故最後云：「堅白域於石，惡乎離？」此種疑難，本極合理。而答辭則並不能就此疑難而中肯地答辯之，乃滑轉而爲存有論之答辯。

答辯分四段（甲乙丙丁）。關於甲段，標點如正文，其意是承上第五問答中「不定者兼」之意而來。意甚顯豁。舊注得之。曰：『堅者不獨堅於石，而亦堅於萬物。故曰：「未與石爲堅，而物兼」也。亦不與萬物爲堅，而固當自爲堅。故曰：「未與物爲堅，而堅必堅」也。（依此注，知正文「未與」下脫「物」字）。天下未有若此獨立之堅而可見，然亦不可謂之爲無堅。故曰：「而堅藏」也。』堅不只與石爲堅，亦可兼與其他物爲堅。抑且亦可不兼與其他物（或任何物）爲堅，而只自爲其堅。此卽堅之自己。既不堅石，亦不堅其他物，而只自爲堅，則「天下未有若此獨立之堅而可見」者。既不可見，卽非具體之堅。此卽堅自己之潛存也。卽依此義，說「堅藏」。此爲存有論的離藏。

俞樾未能看懂此段原文，對於注文亦未看懂，故其讀法極爲離奇，不通之至。其解此段曰：『「物兼未與」當作「兼未與物」。此言堅自成其爲堅之性耳。非與石爲堅也。豈獨不與石爲堅，兼亦未與物爲堅也。（此解雖不合原文句意，然於義尚可通。原文「堅未與石爲堅，而物兼；未與物爲堅，而堅必堅。」此是作兩層說，有兩步轉進。而俞解則只說成一層。故其讀法是如此：「堅未與石爲堅，而兼未與物爲堅」。而原文之「而堅必堅」句，則連下，遂成不通。）「而堅必堅其不堅」者，如土本不堅，陶焉則堅。水本不堅，冰焉則堅。如此，則其堅見矣。（案此解極荒謬可笑）。今以石之爲物而堅，天下未有堅於此也。堅其堅者，堅轉不見，故曰「堅藏」也。（此亦極無理）。』依此解，原文當如下斷句：

「堅未與石爲堅，而兼未與物爲堅。而堅必堅其不堅。石物而堅，天下未有若堅，而堅藏。」

此讀首兩句尚可通，餘全不通。王啓湘「公孫龍子校詮」即據俞解點句，全非。其於舊注亦全未看懂，故妄疑其有衍脫。

譚戒甫「公孫龍子形名發微」，則作如下讀：

「堅未與石爲堅，而物兼未與爲堅。而堅必堅，其不堅石物而堅，天下未有若堅，而堅藏。」

此讀，首兩句據俞解，並以爲「俞說是」。繼之曰：『惟「物」字似可不必乙轉，以「物兼未與爲堅」及「兼未與物爲兼」文義本同耳。但舊本似有兩物字，因其注中兩「故曰」下皆引原文，讀作「未與石爲堅而物兼」句絕，「未與物爲堅而堅必堅」句絕。今各本正文皆無第二物字，蓋無者是也。』實則舊注不誤。譚於首兩句從兪解，「而堅必堅」句以下，則不從兪讀，亦不引其說，蓋似亦見出其太不成說也。但據其所加之標點符號，以及並無一字之解，則知其亦根本不懂也。

本極顯豁之文意，然於名理、義理，一竅不通者，則亂讀亂解，引出無謂之煙幕。若不廓而清之，將迷誤益甚。舊注雖多無謂之辭，然猶勝於今之校訓者遠矣。

關於乙段，舊注曰：『世無獨立之「兼」乎？（王啓湘校詮：兼當爲堅之譌。陳本錢本均作堅。案自當爲「堅」。）亦無孤立之白矣。故曰：「白固不能自白」。旣不能自白，安能「自」白于石與物？（案「自」字衍）。故曰：「惡能「自」物乎」？（王校：自當爲白之譌。疑當作「故曰：惡能白石物乎？」案此校是。）若使白者必能自白，則亦不待白于物而自白矣。豈「堅」白乎？（王校：疑當作「豈唯白乎」？案此校是。）黃黑等色，亦皆然也。若石與物必待於色，然後可見也，色旣不能自爲其色，則石亦不能自顯其石矣。天下未有無色而可見之物，故曰：「石其無有」矣。石旣無矣，堅白安所託哉？故曰：「惡取堅白石」？反覆相見，則堅白之與萬物，莫不皆離矣。夫離者，豈有物使之離乎？莫不因是天然而自離，故曰「因是」也。』

案此注亦大體得之。惟自「若石與物」以下，則不恰。「石其無有」不是因「色旣不能自爲其色」而然，乃是承上「白者必白，則不白物而白焉」而然。「不白物而白」卽白之獨立自持其自己，白之自性。白之自性，不與石爲白。堅之自性，不與石爲堅。不與石爲堅白，則石與堅白離。此時，不獨堅白離，卽石亦離，卽無具體之石。故曰「石其無有」。「無有」是無此具體而現實之石。此時卽是石之自己。如是，石是石，堅是堅，白是白，三者皆自藏而離，焉有所謂「堅白石」乎？旣無堅白石，則「堅白石三」，相盈並著，亦無有矣。此是存有論之離藏。原文「白固不能自白」是退一步說之奪辭。其正意是在「若白者必白，則不白物而白焉」。其意是：若白本不能自成其爲白，則焉能白石物乎？若白必自成其爲白，則卽不須待白於石物而爲白。不但堅白如此，其他種種屬性概念亦皆然。如此，一切屬性概念皆是自存，皆是自持其獨立之存有。此時，自無現實而具體之石，亦無現實而具體之堅白。故個個皆離而獨存也。公孫龍是由各概念之「自是其是」而言離藏。卽由其獨立之「是」而言離，此似乎甚自然而順適，逕直而不費力。故曰：「離也者因是」。又繼之曰：「力與智，果！不若因是。」舊注曰：「果，謂果決也。若，如也。夫不因天然之自離，而欲運力與智，而離於堅白者，果決不得矣。故不如因是天然之自離也。」「因是天然之自離」，其實際意義乃是：卽就每一概念之「自是其是」卽可逕直地、自然地推出「離藏」之結論。依此注，「果」當屬上，即論語「果哉！末之難矣」之「果」。此注亦不誤。此種對於離藏之辯論，顯然是存有論之辯論。

俞樾以文人之陋習，完全無名理哲理之頭腦，其解此段尤爲荒謬。俞氏曰：「此與上文言堅，文字不同，而意則相近。（案上文從堅言，此段從白言）。言使白而不能自白，安能白石之爲物乎？（嚴格言之，原文「白石物」之意是「白石與物」，並不是「白石之爲物」。此尚不是重要者。）若白者必能白物，則就不白之物而白焉。（案此解「若白者必白，則不白物而白焉」兩句。完全非是。）或即黃者而與之，或即黑者而與之。人必曰黃者白矣，黑者白矣。如此，則其白見矣。（案此解「黃黑與之然」。完全瞎說，不成義理。）然石無此黃黑之色，又何從而取之乎？（案此解「石其無有，惡取堅白石乎」兩句。完全瞎說，不成義理。）白其白者，白轉不見，故離也。」

俞氏於上段言堅者，不得其讀，以「堅必堅其不堅」爲句，遂就如此點句之意而言堅必待不堅者而見，（必堅其不堅）。石最堅，「堅其堅者，堅轉不見，故曰堅藏也。」如此解「藏」，離奇之至！全不知公孫龍言「離藏」之意。解「石物而堅，天下未有若堅」，爲「今以石之爲物而堅，天下未有堅於此也。」此亦離奇！金剛豈不更堅於石乎？石焉得爲天下之最堅者？此直不成義理！

解上段言堅者如此，解此段言白者亦比照上解而爲謬解。以爲白必「就不白之物而白」，必待白其不白者而見。解「黃黑與之然」爲「或卽黃者而與之，或卽黑者而與之。人必曰黃者白矣，黑者白矣。如此，則其白見矣。」夫就黃者而與之，就黑者而與之，白色焉得而見乎？此直閉眼瞎說，令人慨嘆！解「石其無有」爲「石則無此黃黑之色」。夫石豈必定爲白乎？其不通，亦猶解上段以石爲天下之最堅。以石有白色，白轉不見，依此說白離。世間焉得有如此無思理之白痴！滿清考據之流風，其痴騃有如此！眞可慨也！

關於丙段，「且猶白以目以火見，而火不見」句，孫氏曰：「墨子經說下篇云：智以目見，而目以火見，而火不見。此文亦當作：且猶白以目見，目以火見，而火不見。今本脫見目二字，遂不可通。」案此說是，當補「見、目」二字。

關此，舊注曰：『神、謂精神也。人謂目能視物，而目以因火見。是目不能見，由火乃得見也。然火非見白之物，則目與火俱不見矣。然則見者誰乎？精神見矣。夫精神之見物也，必因火以「見」，乃得見矣。（王校：陳本「以見」作「以目」。「以」猶「與」也。謂必因火與目，乃得見也。彙函本同。案此校是。「見」爲「目」字之誤。）火目猶且不能見，安能與神而見乎？則神亦不能見矣。推尋見者，竟不得其實，則不知見者誰也？故曰「而見離」。』

案此注亦得之。惟「火目猶且不能見，安能與神而見乎」？此句措辭不妥。原文之意是：單目、單火、單神，皆不能成見，而「見」離，見離卽白離，以明堅白離也。此亦是存有論之論辯，由個個獨立拆散「見」而明離藏。單目、單火、單神、不能成見。然目以火與神見，神以目與火見，而火亦因目與神而得成其照功。是則拆開，各持其自己，皆不能見。合起來，則可成見。故「火目猶且不能爲見，安能與神而見乎？」於義爲不妥也。此可與佛家中論所說相比較：「諸法不自生，亦不自他生，不共不無因，是故知無生。」依佛家義，諸法不能自生，亦不能他生，亦不能自他共生，然亦不是無因而生。四者皆不可能，故曰「無生」。菩薩修行，要者在得「無生法忍」。前三者皆不可能，卽表示「離」。亦非「無因」，則衆緣合和，生相宛然。然生之定因，則不可得。（就前三項言）。是則生不可理解，故緣起性空也。一切概念皆假名而已。若以此例公孫龍之「見離」，目不見，火不見，神不見，是「見離」也。然目以火與神見，神以與目與火見，火助神與目見，是則衆緣和合而成見也。惟公孫龍此處只就概念自存而說離，未說「和合成見」一層，（並非否定此層），亦未說「見相幻現」一層，（雖未說，恐亦不至此。）

關於丁段，「堅以手，而手以捶」，譚戒甫曰：『說文：「捶，以杖擊也。」引申蓋亦上文附循之義。然龍似以手對目言，捶對火言，則捶當假爲棰。』此說是。此段從知堅方面說，與上段義同。惟簡約其辭，轉換表示耳。堅以手知，實則單是手並不能知。手有待於拊，或假借于杖（棰）而知，而單是杖亦並不能知。是則杖與手合則知，分則不知。而公孫龍要說離，故個個自己皆不能知。故曰：「是棰與手知而不知」。單棰或手不能知，必有神明始能知。而神明自己亦不能知。故曰：「神與不知」。卽言：神自己亦同樣不能知也。神又何用？故曰：「神乎！是之謂離焉。」此言：拆開，各順其自是，皆不能知。既不能知，則堅藏。此亦是存有論之論辯。堅藏，白藏，乃至其他種種屬性皆離藏而自存，焉有所謂堅白石乎？一切屬性皆離藏而自存，亦卽皆自持其自性而自在。一切平鋪，不相凌駕，此亦離正而皆如如也。故曰：「離也者，天下故（固）獨而正。」故、固通用，言離則天下一切事物皆自獨立而平正也。此是由對於「概念自性之存有」之洞見而達至平正如如之境界也。此種單握「概念自性」之抽離境界，是一種存有論之思路。若順西方哲學講，則可以走上柏拉圖之哲學以及近世胡塞爾之哲學。此非中國一般心靈之所喜，故亦不甚能契解。中國正宗之心靈是具體之心靈：講理必通着事或情，講體必通着用，講形而上必通着形而下，講天必通着人，講超感覺，超經驗，必通着感覺與經驗。不但是通着，而且總混在一起講，故是具體之心靈，並沒有表現出抽離之分解。今公孫龍因言「白馬非馬」及堅白離，「堅白石二」，乃不期而引出此種存有論之抽離思路，雖未能通透貫徹，然亦甚可貴矣。惜乎既不合於中國正宗之具體心靈，故講義理者不復措意及，而無義理訓練之文人及校訓家，則又根本不能解而亂講一氣也。

關于此段，舊注亦大體得之。而有所引申以終斯篇，則又馳騁文辭，落于具體之心靈，不復眞能相應公孫龍離藏之思想而作的解也。其言曰：『手捶與精神不得其知，則其所知者彌復不知矣。所知而不知，神其何爲哉？（案以上籠統作解，可）。夫神者，生生之主，而心之精爽也。然而耳目殊能，百骸異通，千變萬物，神斯主焉。而但因耳目之所能，任百骸之自通，不能使耳見而目聞，足操而手步。又于一物之上，見白不得堅，知堅不得白。而況六合之廣，萬物之多乎？（案以上不相干，可刪去。由「神其何爲哉」直接下「故曰」句，則爲注當更簡練而相應）。故曰：神乎神乎！其無知矣！知而不知，而知離也。推此以尋天下，則何物而非離乎？故物物斯離，不相雜也。各各趣變，不相須也。（案此句之意固甚美，然非可用以注龍之思理。用之以注莊之獨化，則可。此所謂具體心靈也。讀者至此，當知其只爲行文之儷偶。）不相須，故不假彼以成此。不相雜，故不持此以亂彼。是以聖人卽物而冥，卽事而靜。卽事而靜，故天下安存。卽物而冥，故物皆得性。物皆得性，則彼我同親。天下安存，則名實不「存」也。』（王校：陳本作「名實不浮」。案「存」字自誤，于義當作「亂」或「悖」。此最後之注語又極類道家之境界。然在公孫龍則必須知此是由概念存有之抽離的思路而至者，非是老莊之具體心靈也。讀者當知有所簡別，不可混同向郭注莊之玄義。蓋公孫龍由各概念自存而言「獨而正」，乃是名理之談也。）

× × × ×

第二 問題疏導

以上爲原文疏解。近時解者，荒謬離奇，不成義理者，觸目皆是，不暇一一辨正。玆進而作問題之總疏導。

堅白論通篇分兩半。前半篇第一、三、四問答，是從官覺上辯離藏，此可說是認識論之論辯。但此種由主觀感覺來論辯，光說視不得堅而得白，拊不得白而得堅，尙不能證明客觀方面堅白不相盈，卽離藏。難者于後半篇第七問答中，以手目「異任」來辯，並非不合理。官覺「異任」上之離藏只是某官覺上見不見得不得的問題，並不能由此證明客觀方面堅白不相盈。如果五官同時並用，則聲色香味觸同時呈現，無一離藏。焉能以「異任」上之見不見得不得而卽謂其不見不得者爲離藏耶？

設問：目不視，手不觸時，尙有白與堅否？此問題方是于離藏否爲相干之問題。光說視得白不得堅，拊得堅不得白，對于離藏否不是相干之辯論。公孫龍要在官覺認識上辯離藏，必須進一步能證明「眼不視時卽無白之存在」方可。因爲視得白，拊得堅，並不函「不視卽無白，不拊卽無堅」。而視得白不得堅亦不函卽無堅，（堅藏），拊得堅不得白亦不函卽無白，（白藏）。此所謂「異任」也。但公孫龍並未注意此層。

如果「不視卽無白」，則「白色」一感相卽無客觀之存在，全依存于視覺中。如是，當目不視時，或當目不見，火不見，神不見，而「見離」時，則白色一感相亦必隨之而離藏。而且此離藏之意卽是「無有」之意。（注意，在此，離藏是「無有」意。而在後半篇轉另一立場來辯，則離藏並不卽是「無有」。）

然則公孫龍全部思想中函有此義否？此則不易決定。

（1）並無明文說此義。

（2）由視得白不得堅，拊得堅不得白，亦不能證明函有此義。

（3）如果此義與後半篇另一立場卽存有論之立場之辯論有邏輯的因依關係，則雖未明說，亦必函此義。如果無邏輯之因依關係，則亦可不函有此義。如果此兩者間無邏輯之因依關係，而此一義是一事實問題，事實如此，不說亦不行，則公孫龍亦可主此義。但此種道理，很難簡單是一事實問題，大體有賴于一種解析。卽如陸克之初性次性說，亦是依據當時之科學或科學方面之某一義而主次性純是主觀的，亦非單純事實問題。

惟若從官覺認識方面辯，必須主此義方能極成堅白離藏義。如是，公孫龍不能逃以下三端：

(1)或者捨棄此認識論之論辯；

(2)或者如不捨棄，則必主此義；

(3)或者停止于此不極成之論辯。

當難者根據「異任」主堅白相盈時，(此亦函堅白是客觀的存在)，公孫龍並不能予以恰當對應之答辯，而卻轉爲另一立場以辯之。此立場卽「概念自存」義，此可說是「存有論之論辯」。此卽後半篇之所說。

在第五問答中，公孫龍提出「不定其所白」之白自己，「不定其所堅」之堅自己之說。(此觀念，白馬論篇已提到。)「不定者兼」。兼卽表示堅、白自己是普遍者，亦可以說是共相：可以到處應用，卽可兼與任何有堅有白之物而爲堅爲白，亦可以不與任何物爲堅爲白而抽離地只自持其自己，此卽共相自存義，或一般言之，概念自存義，卽每一概念皆有一獨立自存之意義，皆是一獨立之自存體，亦卽所謂潛存體。此義自甚精。此中含有一種凌空地對于「存有」之洞見，此是公孫龍思理之特別處，此是一種抽象思考之心態。當人類心靈能進至此境，把握此義時，自是人類智思之解放。在一特富具體心靈之民族中，惟公孫龍特顯此異彩。

不與任何物爲堅爲白而抽離地只自持其自己，此卽是堅白之離藏。此離藏義是如此：

（1）其自身是「存有」，概念的「存有」；

（2）不與任何物相與，卽不表現爲具體的堅，具體的白，不表現爲一具體物如石之性質。

此爲存有論的離藏。惟此種離藏並不能答覆官覺「異任相盈」之論難。（1）此種離藏不函堅白現象純是主觀的，故不能有助于「認識論之論辯」之極成。此只能說是另一種論辯。認識論的論辯不極成，因此處所說之離藏只是見不見得不得的問題，並未證明堅白現象純是主觀的。而此存有論之論辯亦無助于認識論之論辯。（2）此存有論之離藏只能說明概念自存或共相潛存，並不能說明于具體的石上堅白二性質不相盈（離）。其所說者是一切共相皆離（潛存），並不是于具體的石上堅白二性不相盈。故此存有論之論辯亦不能答覆主「堅白石三」（堅白相盈）者之論難。如此，此存有論之論辯亦不能極成「堅白石二」（堅白不相盈）之主張。

概念自存是一義，官覺異任之見不見得不得又是一義，此兩者竟不能證明「堅白石二」之主張。堅白概念之自存與官覺異任之見不見得不得毫無關係。因爲概念自存之堅白並不是眼所能見，手所能拊。而眼之所見與手之所拊者亦不是那概念自存之堅白，而是具體的白與堅，具體的性質或官覺現象。概念自存不函官覺現象之不相盈，而見不見得不得亦不函官覺現象之不相盈。

然則至少必須在以下之情形下，始能證明于具體的石上堅白不相盈，即：官覺現象純是主觀的，如白依存于視，堅依存于拊。但此義，公孫龍並未觸及。

至于第七問答中最後說到「火與目不見而神見，神不見而見離」；手與捶不知而神知，神不知而知離。此由各概念之「自是其是」以明「見」離與「知」離，（「知」是觸知之知），由見離與知離以明堅白離。見離知離之離藏義是泯滅義，即根本沒有見，沒有觸，（此不函說見與觸根本不可能），並不是見觸之自存。假定說見離即見隱，則此隱亦是泯滅義，無有義。假定在此亦可說隱顯，亦是有無之隱顯，而不是一「自存之有」之隱顯。如果見與觸根本沒有，則假定官覺現象純是主觀的，即依存于見與觸，官覺現象自亦全部不能呈現（離藏、無有）。此又超過「堅白不相盈」之義，不但「不相盈」，而且根本沒有堅白。故見觸無有之義亦非足以證明「堅白石二」之主張者。

堅白論辯來辯去，說了好多離藏之義，而竟無一能證明「堅白石二」之主張者。

「堅白石二」之義是說于一具體之石上堅白兩官覺現象不能同時相盈並著，而是一現一不現。堅白離等于堅白不相盈。是以堅白離並不是說堅白全離，而是說一離一不離。此是公孫龍所欲證成之宗義。但其辯論，如上所說，卻無一能證明此宗義。通篇所說之離藏有三義：

（1）官覺異任之見不見，得不得：此處所說之離藏是不見義，不得義。不見不得並不函「即無有」，亦不函兩官覺現象不相盈。

（2）概念自存義：此亦不函堅白兩象不相盈。官覺現象之堅白，吾人可說是「定所白」之白，「定所堅」之堅，由此吾人可直接推證一「不定所白」之白自己，「不定所堅」之堅自己。無官覺現象之堅白，當然不能因之即說無堅白之自己。反之，有堅白之自己，不必就有官覺現象之堅白。此即是堅白自己之自存、潛存，此亦是離藏，此是存有論之離藏。但此種離藏並無助于堅白兩官覺現象不相盈一主張。

（3）因各概念之自是其是，見離觸離：此離藏是泯滅義，無有義。見離觸離只直接函堅白不主觀地呈現于吾，並不函客觀地堅白之無有，即並不函堅白純是主觀的。如進一步肯定堅白純是主觀的，則在見離觸離之下，官覺現象全部泯滅，此超過「堅白不相盈」之義。

如是，「堅白石二」之主張只在以下三假定之下始能成立：

（1）須假定有見有觸，即官覺之知可能。

（2）須假定官覺現象純爲主觀。

（3）須假定五官覺知不能同時有。

關于第一假定，亦容易成立。因爲公孫龍在辯「見離」時，只表示單目不見，單火不見，單神不見，並不表示三者和合亦不見。此卽是說，並未表示「見」根本不可能，如龍樹中論之所說，亦未表示「見」是不可解之幻現。公孫龍尚未進至此。當然他亦可進至此。卽使進至此，亦可有見有觸，只不過是「雖不可解而見相宛然」而已。

關于第二假定，亦是可能之一說。例如陸克卽說次性（聲色臭味觸等）純是主觀的，並非客觀之實有。唯依近代心理學及實在論之主張，雖在認識上是主觀的，然仍有一客觀的根據，卽仍有種種條件制約而成之客觀背景。雖依存于「見」，而仍是一客觀之事實，並非一心理之幻像。但無論如何，在認識上是主觀的，似總可說。

關于第三假定，則不易成立。依此假定，五官覺知不但異任，而且必須異時。五官異任，固有時不同時，不同時則不相盈，但亦有時同時，同時則相盈矣。但必限制于不同時，而禁止其同時，乃無理由者。故此假定實不可能。但此假定實爲「堅白石二」一主張所必不可少之條件。依此，「堅白不相盈」之說恐終是詭辯而不可執持。

如果認識論的論辯中，「堅白不相盈」之說不能成立，則存有論的論辯中，「不定者兼」之堅白自身還能說否？卽，概念自存義之離藏還能說否？曰：可說。只要一成概念，總可自存。惟當官覺現象純爲主觀時，則此時之概念只是一邏輯的抽象之概念，而不必是存有論的實有之概念。如是很易走上概念唯名論，而不必是實有。因爲當視時，白呈現而有，當不視時，白卽不呈現而無，白純依于主觀之視覺，並非一客觀而獨立之實有之白，則雖就其「呈現而有」可抽撰成一個白自身之概念，但此概念並不代表存有論之實有，而可只是一象徵性與一般性之符號或空名。此是公孫龍之原意否？揆之第七問答中最後一句「離也者，天下故獨而正」，其存有論之離藏義似是客觀主義與實在論。但此義之離藏並無助于「堅白石二」之主張。概念自存之概念，無論是唯名的，或是實有的，似皆與「堅白不相盈」之主張無關。其存有論之離藏甚有精義，而「堅白石二」之主張則只是詭辯。墨辯派能否定其「堅白石二」之主張，但不必能否定其存有論之離藏義。

揆公孫龍當初矇矓間實是有一種存有論之洞見，他直覺到個個概念之自存，其初所見者似乎卽是此種意義之離藏，及至落于具體物上而欲作具體的說明，則將其所洞見之概念自存之離藏滑轉而爲官覺認知上見不見得不得之離藏，以爲可以主張「堅白不相盈」，而不知該兩種離藏義並不相同。亦未細審「堅白不相盈」一主張如何始能極成，未知此中之複雜。堅白論篇提出並函有許多觀念，而此等觀念間之邏輯關係，歸結如何，則未能深入辨明。是以吾人必須予以疏導，以復其義理滋長之生機，未可順其混擾滑轉，而強爲之說，以增其怪也。

「白馬非馬」之辯，「堅白石二」之辯，其價値不在此兩主斷本身，乃在由之可以引發出許多邏輯眞理以及認識論與存有論之問題。

荀學大略

前序

荀子之學，歷來無善解。宋明儒者，因其不識性，不予尊重，故其基本靈魂遂隱伏而不彰。民國以來，講荀子者，惟對其正名篇尙感興趣。至于其學術之大略與精神之大端，則根本不能及。近人根本不喜言禮義，故亦不識其所言之「禮義之統」之意義，亦不能知其言「禮義之統」所依據之基本精神與心思之形態。故於荀子正面所說之一切，近人皆不能感興趣，而無法接得上。蓋以其無沖旨，太典實，而又分量過重也。然於其基本精神及心思形態不能識，則於其言正名亦必不能徹底了解也。荀子實具有邏輯之心靈。然彼畢竟非正面面對邏輯而以邏輯爲主題也。此乃從其正面學術拖帶而出者。故欲了解荀子邏輯之心靈，亦必須先通其學術之大體。吾今先言荀學之大略，而以正名篇之疏解附之。庶可爲治荀子者提供一門徑。且欲表明荀子之思路實與西方重智系統相接近，而非中國正宗之重仁系統也。故宋明儒者視之爲別支而不甚予以尊重也。然在今日而言中國文化之開展，則荀子之思路正不可不予以疏導而融攝之。此亦即疏通中西文化之命脈而期有一大融攝中之一例也。

中華民國四十二年十月十日國慶日

牟宗三序于臺北

荀學大略

一、荀子之隆禮義而殺詩書：荀書摘要

1.「學惡乎始，惡乎終？曰：其數則始乎誦經，（楊倞注：經謂詩書。）終乎讀禮。其義，則始乎爲士，終乎爲聖人。眞積力久則入，學至乎沒而後止也。故學，數有終，若其義則不可須臾舍也。爲之，人也。舍之，禽獸也。故書者政事之紀也，詩者中聲之所止也，禮者法之大分，類之綱紀也。故學者至乎禮而止矣。夫是之謂道德之極。禮之敬文也，樂之中和也，詩書之博也，春秋之微也，在天地之間者畢矣。」（勸學篇）

案：「詩書之博」，故于非十二子篇非孟子云：「聞見雜博。」又云：「不知其統。」博而有統，須至乎禮。「禮者法之大分，類之綱紀也。」論語亦曰：博文約禮。故荀子「隆

禮義而殺詩書」也。（此句爲儒效篇文。）

2.「將原先王，本仁義，則禮正其經緯蹊徑也。若挈裘領，詘五指而頓之，順者不可勝數也。不道禮憲，以詩書爲之，譬之猶以指測河也，以戈舂黍也，以錐飡壺也，不可以得之矣。故隆禮，雖未明，法士也。不隆禮，雖察辯，散儒也。」（同上。）

案：「不道禮憲，以詩書爲之，」云云，卽「隆禮義而殺詩書」之義。自人生言，詩書可以興發，而不足語于堅成。自史事言，「詩書故而不切」，（亦勸學篇文），必待乎禮之條貫以通之。故勸學篇又云：「上不能好其人，下不能隆禮，安特將學雜志順詩書而已耳。則末世窮年不免爲陋儒而已。」

3.「倫類不通，仁義不一，不足謂善學。學也者，固學一之也。一出焉，一入焉，涂巷之人也。其善者少，不善者多，桀紂盜跖也。全之盡之，然後學者也。君子知夫不全不粹之不足以爲美也。故誦數以貫之，思索以通之，爲其人以處之。」（同上。）

案：誦數以貫之，全也。思索以通之，粹也。全而粹，則倫類通，仁義一矣。

4.「禮者治辨之極也，強國之本也，威行之道也，功名之總也。」（議兵篇。）

案：「治辨之極」卽類同別異之極則。辨不作思辨解。

5.「君子養心莫善于誠。致誠則無他事矣。唯仁之爲守，唯義之爲行。誠心守仁則形，形則神，神則能化矣。誠心行義則理，理則明，明則能變矣。變化代興，謂之天德。天不言而人推高焉，地不言而人推厚焉，四時不言而百姓期焉。夫此有常，以至其誠者也。君子至德，嘿然而喻，未施而親，不怒而威。夫此順命，以慎其獨者也。善之爲道者，不誠則不獨，不獨則不形。不形，則雖作于心，見于色，出于言，民猶若未從也。雖從必疑。天地爲大矣，不誠則不能化萬物。聖人爲知矣，不誠則不能化萬民。父子爲親矣，不誠則疏。君上爲尊矣，不誠則卑。夫誠者君子之所守也，而政事之本也。惟所居以其類至。」（不苟篇。）

案：此段言誠，頗類中庸孟子。此爲荀子書中最特別之一段。「誠心守仁則形，形則神，神則化。誠心行義則理，理則明，明則變。變化代興，謂之天德。」此與中庸「誠則形，形則著，著則明，明則動，動則變，變則化。唯天下至誠爲能化。」義同。「變化代興，謂之天德」，又特出。蓋荀子少言「天德」，亦從未有如此言「天德」者。天論篇言天職，天功，天情，天官，天養，天政，天君，皆自然而有，並無形上意味，或道德價值意味，故無可云善，乃純爲被治之負面，如性惡之性亦爲被治之負面。荀子言天與性俱爲被治。天生人成，即由此而立。詳解見後。而此言「天德」，則迥不侔也。「天不言而人推高焉，地不言而人推厚焉，四時不言而百姓期焉。夫此有常，以至其誠者也。」「天地爲大矣，不誠則不能化萬物。」天地以至誠而生化不息。是則生化非徒自然之變化，而實有眞實無妄者爲之本，然後始可云生化。中庸曰：「故至誠無息。不息則久，久則徵，徵則悠遠，悠遠則博厚，博厚則高明。博厚所以載物也，高明所以覆物也，悠久所以成物也。博厚配地，高明配天，悠久無疆。」荀子之言，與此同也。是則天爲正面的天，與「天生人成」中被治之負面的天迥乎不同。（詳解見下節。）荀子若由此而悟出本原，則其「禮義之統」不徒爲外在，而亦有大本之安頓矣。（「禮義之統」爲不苟篇文，見下第6條引。）荀子言：「君子至德，嘿然而喻，未施而親，不怒而威。夫此順命，以愼其獨者也。……不誠則不獨，不獨則不形。」此言善矣。若由此能如孟子所說：「反身而誠，樂莫大焉，」則本原之天德卽呈露于本心，何至斥孟子之性善哉？至誠中見天德，卽見仁見義也。「唯仁之爲守，唯義之爲行。」仁與義非外在者，而備吾人之守之行之也，乃眞誠惻怛之至誠中卽仁義之全德具焉。孟子卽由此而言仁義內在，因而言性善。荀子于此不能深切把握也。故大本不立矣。大本不立，遂轉而言師法，言積習。（見下12條。）其所隆之禮義繫于師法，成于積習，而非性分中之所具，故性與天全成被治之形下的自然的天與性，而禮義亦成空頭的無安頓的外在物。此荀子正面之主張也。荀子只知君師能造禮義，庶人能習禮義，而不知能造能習禮義之心卽是禮義之所從出也。荀子之心思一往而不反，故其誠樸篤實之心只表現而爲理智的廣被，而於問題之重要關節處轉不過。誠樸篤實之人常用智而重理，喜秩序，愛穩定，厚重少文，剛強而義，而悱惻之感，超脫之悟，則不足。其隆禮義而殺詩書，有以也夫。而孟子正相反。孟子善詩書，詩言情，書紀事，皆具體者也。就詩書之爲詩書自身言，自不如禮義之整齊而有統，崇高莊嚴而爲道之極。然詩可以興，書可以鑑。止于詩書之具體而不能有所悟，則凡人也，不足以入聖學之堂奧。然志力專精，耳目爽朗之人，則正由詩書之具體者而起悱惻之感，超脫之悟，因而直至達道之本，大化之原。孟子由四端之心而悟良知良能，而主仁義內在，正由具體的悱惻之情而深悟天心天理之爲宇宙人生之大本也。故孟子敦詩書而立性善，正是向深處悟，向高處提，荀子隆禮義而殺詩書，正是向廣處轉，向外面推。一在內聖，一在外王。然而荀子不解孟子，亦正其無可奈何處。以其高明不足故也。

荀子誠樸篤實之心表現而爲明辨之理智，故重禮義，亦深識于禮義。故云：「禮者法之大分，類之綱紀也。」法之大分言其義，類之綱紀言其統。皆言乎條理也。（陸象山云：「典憲二字甚大，唯知道者能明之。後世乃指其所撰苛法，名之曰典憲，此正所謂無忌憚。」）惟理可以統可以貫。故云：「類不悖，雖久同理。」（非相篇。見下第8條引。）又云：「有法者以法行，無法者以類舉。」（王制篇。見下第12條引。）每一類有其成類之理。理卽成類之根據。握其理，則可以通。「法教之所不及，聞見之所未至」，（儒效篇文，見下第11條引，）皆可以類通。以類通，卽以同類之理通也。故總方略，齊言行，知統類，一制度，皆荀子所雅言。而「倫類不通，仁義不一，不足謂善學。」其所重視者爲禮義之統，卽全盡之道。而根本處則在其深能把握住理性主義之精髓也。此精髓卽在其是邏輯的，建構的。故荀子一方重禮義之統，一方能作正名也。理智之心之基本表現卽爲邏輯，此是純智的。邏輯之初步表現卽在把握共理，由之以類族辨物。故荀子喜言統類也。由此基本精神轉之于歷史文化，則首重百王累積之法度，由此而言禮義之統。其斥孟子爲「略法先王而不知其統」，（非十二子篇，見下第10條引，）斥俗儒爲「略法先王而足亂世術，繆學雜舉，不知法後王而一制度，不知隆禮而殺詩書，」（儒效篇，見下第11條引，）皆基此精神而言也。由百王累積之法度，統而一之，連而貫之，成爲禮義之統，然後方可以言治道。此其建構精神爲如何？其莊嚴穩定足爲外王之極致，于中國文化史上，蓋亦無與倫匹也。外王之極致，非徒不遺外而已，亦非徒兼善天下之致用，力濟蒼生而不舍，而已也。蓋兼善有兼善之道，力濟有力濟之法。此道此法非只聖君賢相德慧之妙用，亦非只大聖賢惻怛之悲懷。乃必須是組織社會人羣之禮義法度，此卽百王累積之「禮義之統」也。荀子曰：「不道禮憲，以詩書爲之，猶以指測河也。……不可以得之也。」禮憲是構造社會人羣之法式，將散漫而無分義之人羣穩固而貞定之，使之結成一客觀之存在。故禮憲者實是仁義之客觀化。荀子特重此構成客體之禮憲，故曰外王之極致，亦比較有客觀精神也。其重現實之組織，重禮義之統，重分重義，皆客觀精神之表現也。

客觀精神與主觀精神（亦可曰主體精神）及天地精神（卽絕對精神）皆不同。客觀精神之表現，在政治之組織，國家之建立，歷史文化之肯定。客觀者卽內在之仁義（道德理性）之客觀化于歷史文化國家政治而爲集團之形成且由此集團以實現之也。假定能知集團亦實現價值，肯定集團之存在，卽爲客觀精神。天地精神可謂公矣。然無涯岸，無界限，故爲絕對。程明道定性書云：「天地之常，以其心普萬物而無心。聖人之常，以其情順萬物而無情。故君子之學莫若廓然而大公，物來而順應。」此卽天地精神也。孔子絕對精神與客觀精神兼備。然而絕對精神所罕言。性與天道不可得而聞，卽可知矣。「子罕言利與命與仁」。利不必言。仁只是「作」之事。雖不空說仁，而全部論語實卽指點仁。惟其罕言命，實與「天道不可得而聞」同。不由言說，而只由默契以示。孔子最爲全德備道。「學而不厭，誨人不倦，發憤忘食，樂以忘憂，不知老之將至。」則是肫肫其仁也。此爲立教之絕對定盤星。肫肫其仁，精進不已，必常透露超越意識與宇宙之悲感。至此，其個人生命（卽主體精神）卽渾同于天，而與天接。「維天之命，於穆不已。文王之德之純，純亦不已。」孔子之肫肫其仁，亦如是也。人與天接，則人契其天，而天亦轉而大其人。（人能弘道，道亦弘人。人不弘道，道自亦不弘人。）人契其天，則人之上有天，自此而言命。天大其人，則「仰之彌高，鑽之彌堅，雖欲從之，末由也已。」此顏回之所以贊孔子也。依此而曰聖曰大曰神。故肫肫其仁者，必淵淵其淵，浩浩其天也。性命罕言，天道不可得而聞，則亦因人上有天，而惟致其敬畏之心，肫肫其仁以默契之亦可矣。此而可以喋喋多言乎？豈不流于猜卜擬議而以小智玩弄大道耶？玩物喪志，玩人喪德，而況玩天道乎？故罕言也。弟子亦不可得而聞也。雖不言，而終有示之知之之道。雖不可得而聞，而終有契之聞之之道。此其爲道何耶？亦惟有肫肫其仁，下學上達，純亦不已已耳。此則自知天知之惟一切實有據處。及至自知天知，則可以契矣聞矣。皆自契自聞也。故平生立教亦不泛泛以性與天道示人，而唯以仁示人也。（其實仁即是性，即是天道。）仁教是定盤星。天道天命，則常由其「道之不行」之慨嘆處而透露。而其「道之不行」之道，則是歷史文化的，即「斯文在茲」之文也。孔子惟有此擔負，始能上契于天，天亦轉而大之也。而歷史文化一面，即顯示其客觀精神之堅實與豐富。「文不在茲乎」之嘆，「知我者其天乎」之嘆，「天生德于予」之嘆，「吾已矣夫」之嘆，「道之將行也與命也」之嘆，「吾衰矣」之嘆，以及「欲居九夷」，「乘桴浮海」之無可奈何，皆是本着肫肫其仁之個人精神，以表現其擔負歷史文化之客觀精神，而透露着默契天命天道之絕對精神。此其所以爲全德備道之大聖也。（釋迦耶穌皆只表現絕對精神。）至乎孟子，特順孔子之仁教轉進悟入而發揮性善，將本原點醒而爲斯道立一確定不拔之基。由「仁者人也」一路直透絕對精神，故能萬物皆備于我，上下與天地同流也。然而荀子又譏其不知統類，是卽其客觀精神表現稍差也（並非無有。）荀子特順孔子外王之禮憲而發展，客觀精神彰著矣，而本原又不足。本原不足，則客觀精神卽提不住而無根。禮義之統不能拉進來植根于性善，則流于「義外」，而「義外」非客觀精神也。（荀子有客觀精神，而其學不足以極成之。）及其被誤引于法家，則任何精神亦不能說矣。後來理學家，大抵順顏孟之路而發展，而又與佛老之宗趣相頡頏，故益特顯其天地精神之境界，而客觀精神則總隱伏而不彰顯。客觀精神不彰顯，則仁教擴不出，而其所欣趣之天地精神亦不過一付清涼散，故理學家大都帶山林氣也。（程、朱、陸、王自不如此。然一和尚謂明道濂溪爲儒家兩個好秀才。則和尚之贊其爲高者，正吾之惜其爲不足也。）所幸者彼諸大儒類皆能把握儒家之肯要處不令喪失，以與異端相對抗。其心亦苦矣。此肯要處卽孔子立教之絕對定盤星，卽「仁者人也」一路。彼諸大師皆知儒者之學未有離開人倫而空說道理者。然只知本體不離人倫，由人倫以指點本體，徒人倫之肯定並不足以爲客觀精神之表現。學術文化上不能發明客觀精神之肯要價值，則社會上亦不能表現客觀精神，而吾民族亦遂趨于萎靡散漫之境地。是以中國文化在以往之表現，彰著于人心者，有絕對精神，有個人精神，（主體精神），而客觀精神則較差。故荀子之學不可不予以疏導而貫之于孔孟。（此處就荀子所言客觀精神只是客觀精神之本身，至于如何轉至近代意義的客觀精神，則須別講。）

6.「君子位尊而志恭，心小而道大。所聽視者近，而所聞見者遠，是何耶？則操術然也。故千人萬人之情，一人之情是也。天地始者，今日是也。百王之道，後王是也。君子審後王之道而論于百王之前，若端拱而議。推禮義之統，分是非之分，總天下之要，準海內之衆，若使一人。故操彌約而事彌大。五寸之矩，盡天下之方也。故君子不下室堂，而海內之情舉積此者，則操術然也。」（不苟篇。）

7.「人之所以爲人者何以也？曰：以其有辨也。……故人之所以爲人者，非特以其二足而無毛也，以其有辨也。夫禽獸有父子而無父子之親，有牝牡而無男女之別。故人道莫不有辨。辨莫大于分，分莫大于禮，禮莫大于聖王。聖王有百，吾孰法焉？故曰：文久而息，節族久而絕，守法數之有司極而褫。故曰：欲觀聖王之跡，則于其粲然者矣，後王是也。」（非相篇。）

案：此處「以其有辨」之辨同于前「治辨之極」之辨，皆指別異定分言，不作思辨解。

8.「聖人何以不【可】欺？曰：聖人者，以己度者也。故以人度人，以情度情，以類度類，以說度功，以道觀盡。古今一度也。類不悖，雖久同理。故鄉乎邪曲而不迷，觀乎雜物

而不惑，以此度之。」（同上）

9.「不知壹天下建國家之權稱，上功用，大儉約，而優差等。曾不足以容辨異，縣君臣。然而其持之有故，其言之成理，足以欺惑愚衆，是墨翟宋鈃也。」（非十二子篇。）

案：此條是藉批評墨翟宋鈃以顯價值層級之觀念。「上功用，大儉約，」是陷于極端實用主義而成爲反人文的。「優差等」是否定客觀的分位之等，卽否定價值之層級。客觀的分位之等，其根源當在人格之價值。客觀化于組織之中卽成爲分位之等，此卽義道也。人格價值之層級，客觀的分位之等之價值層級，是儒家基要觀念。孟荀于此緊要處皆不放鬆。故孟子闢「楊子爲我，是無君也，墨子兼愛，是無父也。無父無君，是禽獸也。」卽保存人文世界中之價值觀念。今荀子批評墨翟宋鈃亦同此基本精神。

10.「略法先王而不知其統，猶然而材劇志大，聞見雜博。案往舊造說，謂之五行。甚僻違而無類，幽隱而無說，閉約而無解。案飾其辭而祇敬之曰：此眞先君子之言也。子思唱之，孟軻和之。世俗之溝猶瞀儒，嚾嚾然不知其所非也。遂受而傳之，以爲仲尼子游（當爲子弓）爲玆厚（重也）于後世。是則子思孟軻之罪也。若夫總方略，齊言行，壹統類，而羣天下之英傑，而告之以大古，敎之以至順，奧窔之間，簟席之上，歛（當爲歙）然聖王之文章具焉，佛（勃）然平世之俗起焉。六說者不能入也，十二子者不能親也。無置錐之地，而王公不能與之爭名；在一大夫之位，則一君不能獨畜，一國不能獨容。成名況乎諸侯，莫不願以爲臣。是聖人之不得勢者也，仲尼子弓是也。一天下，財萬物，長養人民，兼利天下。通達之屬，莫不從服。六說者立息，十二子者遷化。則聖人之得勢者，舜禹是也。今夫仁人也，將何務哉？上則法舜禹之制，下則法仲尼子弓之義，以務息十二子之說。如是則天下之害除，仁人之事畢，聖王之跡著矣。」（同上。）

案：法先王非必定非。故荀子非惠施鄧析云：「不法先王，不是禮義，而好治怪說，玩琦辭。」云云，卽以不法先王爲非也。雖以不法先王爲非，然亦不可空道上古。故儒效篇末云：「言道德之求不二後王。道過三代謂之蕩，法二後王謂之不雅。」然則荀子法後王之義，亦可知矣。孟子略法先王而不知其統，是其非不在法先王，而在無統也。亦在其過三代而爲蕩，二後王而不雅也。（二爲動字。）統實不易。荀子特重之。非相篇云：「欲觀聖王之跡，則于其粲然者矣，後王是也。」此亦孔子「從周」之義。由此爲本，則上溯往古，下開來世，莫不同條而共貫。亦孔子損益三代百世可知之義也。而歷史發展之迹，禮憲興廢之由，俱可得其脈絡矣。故曰：「天地始者，今日是也。百王之道，後王是也。君子審後王之道而論于百王之前，若端拱而議。」此卽王制篇所謂「有法者以法行，無法者以類舉」之義也，所謂「知其統」也。以「知統類」爲準，則法先王法後王並無一定而不可移者。荀子雖言「道過三代謂之蕩」，然亦說「上則法舜禹之制。」可見其並無一定不可移者，亦可知其所謂先王後王之先後時距亦不甚遠也。要者在知統。惟知統之根據則在粲然明備之後王。此就禮憲發展之跡而言也。孔子稱堯舜則是理想主義者之言，所謂「立象」也。然孔子言夏禮殷禮，則復注意及文獻足徵不足徵，此又切實而愼矣。荀子法後王卽是此切實而愼之法。然孔子稱堯舜立象之義，則荀子不復知矣。荀子在此一往是實在論之態度。

11.「修百王之法，若辨白黑。應當時之變，若數一二。行禮要節而安之，若生四枝。要時立功之巧，若詔四時。平正和民之善，億萬之衆而博（摶，摶）若一人。如是，則可謂聖人矣。」（儒效篇。）

「逢衣淺帶，解果其冠。略法先王而足亂世術。繆學雜擧，不知法後王而一制度，不知隆禮義而殺詩書。其衣冠行爲已同于世俗矣，然而不知惡。其言議談說，已無以異于墨子矣，然而明不能別。呼先王以欺愚者，而求衣食焉。得委積足以揜其口，則揚揚如也。隨其長子，事其便辟，擧（與）其上客，僡然（卽億然，安然也，）若終身之虜，而不敢有他志。是俗儒者也。法後王，一制度，隆禮義而殺詩書。其言行已有大法矣，然而明不能齊法敎之所不及，聞見之所未至，則知不能類也。知之曰知之，不知曰不知。內不自以誣，外不自以欺。（自用也。）以是尊賢畏法，而不敢怠傲。是雅儒者也。法先王，（當爲後王，）

統禮義，一制度，以淺持博，以古持今，以一持萬。苟仁義之類也，雖在鳥獸之中，若別白黑。倚物怪變，所未嘗聞也，所未嘗見也，卒然起一方，則舉統類而應之，無所儗（疑）㤰（怍），張法而度之，則腌然若合符節。是大儒者也。」（同上。）

案：「知統類」當有兩層。一是荀子所說之「法後王，統禮義，一制度。」此就禮憲發展之跡，本其粲然明備者以條貫之，以運用于當時。荀子以此定雅儒，大儒與聖人。另一則是明時代精神（時風學風）之發展，人心風尚之隆替，通古今之變，以觀人心之危。孔子由損益三代而至仁義之點醒，以文爲己任，體天道以立人道，則已進于此層矣。孟子則唯是居于此層而立言。故道性善，言必稱堯舜，闢楊墨以承三聖，（禹治洪水，周公驅夷狄，孔子作春秋。）此卽通古今之變，以觀人心之危也。此則在境界上高于前一層。前層之知統類猶是外在的，而此層則必歸于仁義之心之點醒，通內外而一之。前層猶落在實際之禮憲而切于實，而此層則已進于通脈絡之虛矣。故荀子所定之雅儒大儒與聖人實卽是一堅實之政治家，而孔孟則已進于聖賢境界矣。順荀子之知統類，以其是外在的，故必重師法，隆積習。而孔孟垂教則必點醒仁義之心，道性善，以立人極矣。

12.「故人無師無法而知則必爲盜，勇則必爲賊，云能則必爲亂，察則必爲怪，辨則必爲誕。人有師有法而知則速通，勇則速威，云能則速成，察則速盡，辨則速論。故有師法者人之大寶也，無師法者人之大殃也。人無師法，則隆性矣。有師法，則隆積矣。而師法者所得乎情（當爲積），非所受乎性。【性】不足以獨立而治。性也者吾所不能爲也，然而可化也。情（亦當爲積）也者非吾所有也，然而可爲也。注錯習俗，所以化性也。並一而不二，所以成積也。習俗移志，安久移質，並一而不二，則通于神明，參于天地矣。故積土而爲山，積水而爲海。旦暮積謂之歲。至高謂之天，至下謂之地。宇中六指，謂之極。涂之人百姓，積善而全盡，謂之聖人。彼求之而後得，爲之而後成，積之而後高，盡之而後聖。故聖人也者，人所積也。」（同上。）

「其有法者以法行，無法者以類舉。聽之盡也。偏黨而無經，聽之僻也。故有良法而亂者有之矣，有君子而亂者，自古及今，未嘗聞也。」（王制篇。）

「以類行雜，以一行萬。始則終，終則始，若環之無端也。舍是而天下以衰矣。天地者生之始也，禮義者治之始也，君子者禮義之始也。爲之，貫之，積重之，致好之者，君子之始也。（王引之謂「之始」二字衍。似不必。）故天地生君子，君子理天地。君子者天地之參也，萬物之總也，民之父母也。無君子，則天地不理，禮義無統，上無君師，下無父子。夫是之謂至亂。君臣父子兄弟夫婦，始則終，終則始，與天地同理，與萬世同久，夫是之謂大本。」（同上。）

13.「水火有氣而無生，草木有生而無知，禽獸有知而無義。人有氣有生有知，亦且有義，故最爲天下貴也。力不若牛，走不若馬，而牛馬爲用，何也？曰：人能羣，彼不能羣也。人何以能羣？曰：分。分何以能行？曰：義。故義以分則和。和則一，一則多力，多力則強，強則勝物。」（同上。）

案：人之所以爲人以義與分顯。「以其有辨」之辨亦以分與義解。辨卽「治辨之極」之辨。荀子說「人」，自始卽爲位于「分位等級」中之客觀存在體，亦卽位于客觀理性中之存在體。從未孤離其所牽連之羣與夫其所依以立之禮（理）而空頭自其個之爲個之自足無待處言人也。大抵只表現藝術精神或天地精神者常不識此義。忽略「仁者人也」一路，一切精神皆無本。蓋此路爲道德人格乃至個人人格價值之根據。忽略客觀精神，一切精神皆無光彩，皆不能豐沛而有力。而忽略絕對精神（天地精神），則一切精神亦不能有歸宿。是以儒道之全之盡，必爲「君子之道本諸身，徵諸庶民，質諸鬼神而無疑，建諸天地而不悖，百世以俟聖人而不惑。」（中庸。）亦卽自「仁者人也」一路起，自歷史文化民族國家之客觀精神處落，而在天地精神前完成。（案「仁者人也」一路，此爲孔孟所彰著，荀子于此不甚能識。此其所以于本源處差也。故成爲外在的。又彼于客觀精神處甚注意，但其表現客觀精神之禮義之統，以于本源不透，故成爲外在的，平面的。此亦不夠。而其所表說之禮義之統以成組織又只爲自上而下之道德形式，尚未進至近代化之國家形式，此本爲中國文化在以往發展中于此方面所表現之共同形式，不獨荀子一人爲然。此亦須予以疏導。詳論見下。至于天地精神，則因荀子本源不透，故亦不及也。）

14.「先王之道，仁之隆也。比中而行之。曷爲中？曰：禮義是也。道者非天之道，非地之道，人之所以道也，君子之所道也。」（儒效篇。）

「道者何也？曰：君道也。君者何也？曰能羣也。能羣也者何也？曰：善生養人者也，善班治人者也，善顯設人者也，善藩飾人者也。……四統者俱，而天下歸之，夫是之謂能羣。」（君道篇。）

案：荀子之道卽人之所以道，君子之所道。亦卽君道。君道卽能羣之道，卽治道。故此道卽「人文化成」之「禮義之統」也。以此治人治性治天，而廣被人羣，以成人能也。此卽「天生人成」義。詳解見下節。

15.「不聞不若聞之，聞之不若見之，見之不若知之，知之不若行之。學至于行之而止矣。行之，明也。明之，爲聖人。聖人也者，本仁義，當是非，齊言行，不失毫釐。無他道焉，已乎行之矣。」（儒效篇。）

案：提出篤行原則，荀子正面主張始備。篤行者是君子。君子所依之道是禮義法度。

「行之明也」一語甚精。楊倞注云：「行之，則通明于事也。」通明于事，其誰能之？曰：君子，大儒，聖人，是也。此可通名爲能篤行之人。故篤行之人，其生命必強毅而剛健，又能依乎禮義法度而以法行，以類舉。此篤行之大君子既爲師，又爲法，故曰師法。荀子隆師法，人或以崇拜權威言之。實則彼乃重視客觀之眞實生命者也。眞實生命者人類之精英，價値之所在，湧發理想之源泉也。焉得不尊崇之？故荀子盛贊大儒雅儒也。

16.「世俗之爲說者曰：湯武不能禁令，是何也？曰：楚越不受制。是不然。湯武者，至天下之善禁令者也。湯居亳，武王居鄗，皆百里之地也。天下爲一，諸侯爲臣。通達之屬，莫不振動從服，以化順之。曷爲楚越獨不受制也？彼王者之制也，視形勢而制械用。（楊倞注：即禮記所謂廣谷大川異制，民生其間者異俗，器械異制，衣服異宜也。）稱遠邇而等貢獻。豈必齊哉？故魯人以榶，衞人用柯，齊人用一革。土地刑制不同者，械用備飾不可不異也。故諸夏之國，同服同儀。蠻夷戎狄之國，同服不同制。封內甸服，封外侯服，侯衞賓服，蠻夷要服，戎狄荒服。甸服者祭，侯服者祀，賓服者享，要服者貢，荒服者終王。（楊倞注：終謂世終朝嗣王也。）日祭，月祀，時享，歲貢，【終王】。（楊倞注：當有「終王」二字，誤脫耳。）夫是之謂視形勢而制械用，稱遠近而等貢獻。是王者之至也。（王念孫曰：至當爲制。）彼楚越者，且時享歲貢終王之屬也。必齊之日祭月祀之屬，然後曰受制耶？是規磨之說也，溝中之瘠也，則未足與及王者之制也。」（正論篇。）

案：此段言湯武乃天下之善禁令者。何謂善禁令？卽大儒聖王之「以類行雜，以一行萬，」「有法者以法行，無法者以類舉，」之知統類，一制度者也。知統類，故其明「能齊法教之所不及，聞見之所未至。」此亦卽一制度也。湯武是大儒之得其勢者也，故曰聖王。其善禁令而能盡制，卽儒效篇所說之大儒。「聖也者盡倫者也，王也者盡制者也。」（解蔽篇。）湯武善禁令，卽能盡制之王者。能盡制之聖王大儒卽是依禮義之統而篤行者也。吾以此段殿于此，以爲荀子所說「知統類，一制度」之大儒作一例解。

二、荀子之基本原則：天生人成

17.「天行有常，不爲堯存，不爲桀亡。應之以治則吉，應之以亂則凶。強本而節用，則天不能貧。養備而動時，則天不能病。修道而不貳，則天不能禍。故水旱不能使之飢渴，寒暑不能使之疾，祆怪不能使之凶。本荒而用侈，則天不能使之富。養略而動罕，則天不能使之全。倍道而妄行，則天不能使之吉。故水旱未至而飢，寒暑未薄而疾，祆怪未至而凶。受時與治世同，而殃禍與治世異，不可以怨天，其道然也。故明于天人之分，則可謂至人矣。

不爲而成，不求而得，夫是之謂天職。如是者，雖深，其人不加慮焉。雖大，不加能焉。雖精，不加察焉。夫是之謂不與天爭職。天有其時，地有其財，人有其治，夫是之謂能參。舍其所以參，而願其所參，則惑矣。」（天論篇。）

案：有天道，有人道。荀子只言人道以治天，而天卻無所謂道。卽有道，亦只自然之道也。人以禮義法度而行其治，則能參。參者治己而遂以治天也。荀子之天非宗教的，非形而上的，亦非藝術的，乃自然的，亦卽科學中「是其所是」之天也。不加慮不加能不加察之「不與天爭職」是一義，于治之之中而知之又是一義。後者有類乎杜威義之科學，前者則去無謂之希求怨慕，驚惶恐怖。孔孟言與天合德，其天乃形上的天，德化的天。荀子不至此義，卽無可說與天合德。參義，則孔孟荀皆可言。孔孟之天是正面的，荀子之天是負面的。因是負面的故在被治之列，（荀子之參只是治，此與參贊不同，）亦如性之被治然。性惡之性亦是負面的。天生人成，自天生方面言，皆是被治的，皆是負面的。此無可云善也。自人成方面言，皆是能治的，正面的。此方可說是善。而其所以善則在禮義法度。自孔孟言，禮義法度皆由天出，卽皆自性分中出，而氣質人欲非所謂天也。自荀子言，禮義法度皆由人爲，返而治諸天，氣質人欲皆天也。彼所見于天者惟是此，故禮義法度無處安頓，只好歸之于人爲。此其所以不見本源也。荀子惟是從對治上着眼。一面刺出去爲被治，一面造出來爲能治，人造能治者，正所以治被治，則能治者之功用全在相對而見。相對而見，則能治之禮義法度亦唯是工具之價值，而無內在之價值。此則終不免于功利之窠臼。雖其功利出之于禮義，而禮義究不可以功利論。是則終不及孟子之照體獨立內在于性分而見之者之爲高也。惟荀子誠樸篤實人也。知統類，一制度，隆禮義而殺詩書，充實飽滿，莊嚴隆重，盡人生宇宙皆攝而統治于一大理性系統中，此其分量之重，廣被之遠，非彼荀子誠樸篤實者不能言，非彼天資特高者不能行。而若惟是從對治之功利處着眼，則落于現實，凡巧便于功利者無不可爲，不必禮義也。是刻薄者終將由荀學轉而爲法家，李斯韓非是也。此豈荀子之所及料哉？荀子曰：「凡論者貴其有辨合，有符驗。故坐而言之，起而可設，張而可施行。今孟子曰：人之性善，無辨合符驗。坐而言之，起而不可設，張而不可施行。豈不過甚矣哉？故性善，則去聖王，息禮義矣。性惡，則與聖王，貴禮義矣。」（性惡篇。）依荀子言之，孟子無符驗，爲迂闊。殊不知由荀子之說，專求辨合符驗，則自李斯韓非觀之，荀子亦迂闊無符驗也。故自對治着眼，不如自理上直揭也。荀子之廣度必轉而繫屬于孔孟之深度，斯可矣。否則弊亦不可言。

18.列星隨旋，日月遞炤，四時代御，陰陽大化，風雨博施。萬物各得其和以生，各得其養以成。不見其事，而見其功，夫是之謂神。皆知其所以成，莫知其無形，夫是之謂天功。（功字原文脫，今據補。）唯聖人爲不求知天。天職既立，（天職見上段），天功既成，形具而神生，好惡喜怒哀樂藏焉，夫是之謂天情。耳目鼻口形能（王念孫云：能讀爲態）各有接，而不相能也，夫是之謂天官。心居中虛，以治五官，夫是之謂天君。財非其類以養其類，夫是之謂天養。順其類者謂之福，逆其類者謂之禍，夫是之謂天政。暗其天君，亂其天官，棄其天養，逆其天政，背其天情，以喪天功，夫是之謂大凶。聖人清其天君，正其天官，備其天養，順其天政，養其天情，以全其天功，如是，則知其所爲，知其所不爲矣；則天地官而萬物役矣。其行曲治，其養曲適，其生不傷，夫是之謂知天。」（天論篇。）

案：天職，天功，天情，天官，天養，天政，是天生而自然者也。自暗其天君以至喪其天功，是毀其生者也。自清其天君以至全其天功，是成其生者也。天君之暗不暗，乃成毀之關鍵。禮義法度皆自天君之不暗發，由天君之不暗辨。故天君之爲心，雖其本爲認識的，（卽智的），而有道德之函義。其所以有道德之函義，乃在天生者之不能自成，而必有待於「應當成全之」之一念。（此應當之一念，荀子捉不住。）不安於其毀滅，而必成全之，成全之道卽是由「應當」之一念而發出之一套累積而成之禮義法度。由此，禮義法度之爲道德的，乃全在其反而成全天生者而爲理想的。禮義法度之爲成全天生者之理想的，故亦因之反而規定不暗之天君之爲道德的。蓋禮義法度必由清明之心所制作也。（故荀子有解蔽篇。）理想的恰恰由于不安于天功之毀滅之一念而表現。不安于天功之毀滅，卽不能全順天生者之泛濫而無節。不能讓其泛濫而無節，故必逆之而以道德形式（卽禮義法度）節制之。節制之而後能生生，而後能成其生。生而能成其生，則人成也。是則生之保其生而不毁，必待人成。而人成卽屬于理想的。「順之則生天生地，逆之則成聖成賢」，此言荀子亦可說。荀子實應尅就吾人之不安于天功之毁滅之一念而認取人性之善，此卽孟子之思路。然而荀子不就此認取人性，而只知氣質人欲之爲天生之人性，一眼覰定，只見其爲被治之負面，而不知其諄諄懇懇，鍥而不舍，以道說禮義法度之誠樸篤實之心，卽是萬善之原也，卽是人之所以爲人之肯要處也。此則不反之過也。不反而把握此點骨脈，遂將由于不安一念中之理想而發之禮義法度推置于外，而不知其照體獨立內在于性分之意義，而人性亦全成被治之負面，此其所以本源不清也。故荀子縱可斥孟子「略法先王而不知其統，繆學雜舉，不知法後王而一制度，不知隆禮義而殺詩書，」然而不可非其主性善。荀子之所重，固孟子之所略。而孟子之所立，正荀子之所不可頃刻離。否則，其禮義法度之由對治而見之功利價値必將一轉手間卽落于李斯韓非矣。荀子特重知統類，一制度，此卽孔子從周之義。典章制度，所以構造人羣者，孔子之所重。正名定分，辨治羣倫，亦荀子所雅言，此亦承孔子而來者。由此言之，荀子亦繼孔子之統。荀子特重義道。故剛強宏毅，莊重凝定。彼言「人何以能羣？曰分。分何以能行？曰義。故義以分則和。」（王制篇。見上第13條引。）此卽義道之客觀表現。荀子重義與分，足見其有客觀精神。此爲孟子所不及。孟子主仁義內在，而向主體精神與絕對精神（天地精神）方面發展，客觀精神則不足。（此爲後來理學家之通性。）而荀子于此，則特見精采。蓋客觀精神必在現實之組織一方面顯。國家其典型也，所謂公體也。荀子重羣，重分，重義，隆禮義而殺詩書，知統類而一制度，皆客觀精神之顯示。以義道之分，統而一之，類而應之，則羣體歙然而凝定。客觀精神卽尊羣體之精神，尊羣體卽尊成羣體之義道也。（羣體之成必以義道之分爲基。分卽個性之所顯也。）何以必尊此義道？由于不安于生命之毀滅也，由于不安于全順天生而類同禽獸也。故義道之落于現實組織中卽是客觀精神之根據，義道落于現實組織中卽禮義法度，故禮義法度卽義道之客觀化。因義道之客觀化而客觀精神亦隨之而油然生。然義道不能無根，禮義法度亦不能無根。惻然不安于生命之毀滅而必欲成全之，卽是人性之卓然而善處。此卽是義道之根，禮義法度之根。惻然之心而仁義之理具焉。故心爲天心，而理爲天理。天心天理是達道之本。孔孟由此着眼而立宇宙人生之大本。此卽是絕對理性。義道與禮義法度皆由絕對理性而發出。故國家亦是絕對理性之現實的客觀表現。是則客觀精神必以絕對精神爲本，而後其內在之絕對價值方不毀。若如荀子所說，則只是對治之功利價值，其所顯示之客觀精神必將因法家而毀滅。荀子立言之不能探其本，是荀子之不幸也。後來荀學之湮沒，是中華民族之不幸也。然其建構之精神實令人起莊美之感，足以醫後來貧弱之輩，視國家政治爲俗物，視禮義法度爲糟粕，而自退于山林以鳴風雅，自謂與天地精神相往來，而不知已奄奄待斃也。

19.「大天而思之，孰與物畜而制之？從天而頌之，孰與制天命而用之？望時而待之，孰與應時而使之？因物而多之，孰與騁能而化之？思物而物之，孰與理物而勿失之也？願於物之所以生，孰與有物之所以成？故錯人而思天，則失萬物之情。」（天論篇。）

案：天地鴻濛，自然混混之中，有人類焉，以其不暗之天君，制作禮憲，治其身秉以治天。吾之身以此禮憲而得成，而得維持其生生。混混天地亦以此禮憲而得理，而得明，而得成其爲天，成其爲地。在人之制作篤行中，一切屬于天者皆理而明，是之謂參天地。人之制作篤行是鴻濛中之精英，將以禮憲之光而普照混沌也。人之制作禮憲也，愈廣愈深，其光照也亦愈廣愈深。制作之愈廣愈深，亦反示人之生命愈強愈健。君師者生命之凸出，超羣而逸衆。凸出而俯視，則被治之天即屈伏而在下，而禮憲亦隨生命之凸出而臨于上，故能普照乎下也。臨于上而照乎下，實以人之理想價值治其天。人之理想不容已其發，故其價值判斷亦不已其施。每一價值判斷是一義，是一憲。義義而貫之，憲憲而連之，是謂禮義之統。百王累積之禮憲綜而成一統。禮憲之統在篤行中而通明于事物。不篤行則空言說。空言說，則禮之統空掛而不實。不實不足以治其天。不足以治其天，不能平鋪之而爲被治者之理道。道

「非天道，非地道，乃人之所以道，君子之所道」之治道。只此道爲可貴，他道非所問。此道卽禮義之統也。一切天生者皆落于此統中而得其道。得其道卽得其成全也。成全萬事之道亦卽萬事之所以爲萬事之道。離卻此道，萬事自身無所謂道。天職，天功，天情，天官，天君，天養，天政，皆天生之「有」也。然天生之有，雖有其自身之特性，而不可以爲道。道者成全此諸「有」者也。諸有落于此道中而成其爲諸有。不落于此道中，雖天生其有，而終歸于無有。無有卽毀滅。是以諸有自身，雖有特性，不可說道，而望「道」言，惟是一「材質」耳。材質不能自成，必待禮憲之道以成之。故除禮憲之爲道外，無他道也。道成就一切有。成就一切有卽成全有之生生矣。故有之生生不息亦因道之提挈而始然。是乃以人爲之禮義之統而化成天，而治正天也。故曰人文化成。故全宇宙攝于人之「行爲系統」中，推其極，人之道亦卽天之道也。（天與人俱爲被治。）然而在荀子，則不可說與天地合德，與日月合明。以天地俱爲被治之負面，而非正面之能治者也。

在篤行之行爲系統中，每一「天有」既皆是被治正之有，故每一天有亦皆是被吾天君所照攝之有。被吾天君所照攝之有卽是可被定義之有。天職，天功，天情，天官，天君，天養，天政，皆有定義者，如天論篇之所述。又如正名篇：「生之所以然者謂之性；性（當爲生）之和所生，精合感應，不事而自然，謂之性。性之好惡喜怒哀樂，謂之情。情然而心爲之擇，謂之慮。心慮而能爲之動，謂之僞(同于爲)；慮積焉，能習焉，而後成，謂之僞。正利而爲，謂之事。正義而爲，謂之行。所以知之在人者，謂之智；知有所合，謂之智。所以能之在人者，謂之能；能有所合，謂之能。性傷，謂之病。節遇，謂之命。」此皆定義也。在定義中，吾對于被治之「天有」即有知矣。依此而成知識系統。然知識系統即在行爲系統中而提挈以成。知之正所以備篤行之「正之」也。西人將此天君所照攝而被治之天有刺出去而爲研究之對象。研究之而有所得，名曰自然律。由自然律而窺天道，則於禮義之統之爲道外，復有自然之天道也。荀子可以吸納自然律，而不可于此言天道。是以荀子只有一道。此道，推其極，必爲一理想主義的道德系統也，亦即百王累積之典憲系統也。此則蓋盡一切，別無他道。荀子之吸納知識系統，有類于杜威之唯用論：在行中成知。然意指不同者，荀子以依道德系統之行而知「天有」兼以同時治正「天有」也。此則終不同于杜威之以知識爲中心而爲自然主義也。故荀子尤較崇高而較爲古典也。凡儒者皆然。惟孔孟及理學家皆以荀子所說之禮義之統爲本于天，而非徒由人爲也。是則荀子所謂「人之所以道，君子之所道」之道，在孔孟，亦卽天道也。故曰天倫，天秩，天序，天心，天理。此所謂天非荀子被治之天也，乃能治之天也。故依孔孟及理學家，則不視性與天爲被治，而于人中見出有被治之一面，有能治之一面。而能治之一面名曰天，被治之一面名曰人。荀子所說之天與性，皆應爲孔孟及理學家所說之非天非性，而乃人欲之私與自然現象也。而惟是禮義之心方是天，方是性。此義之提醒，惟賴孟子。荀子不能及也。經此點醒，荀子之「禮義之統」方有本，夫而後亦可以言與天地合德也。天與性不爲被治，則能治之禮義之統不外在，而卽爲性分之所具，此卽是天。吾人卽以此天而治荀子之所謂天。是以人卽以其自己之天而治其自己之人也。此則統體透出之學，故又比荀子爲高也。此所以後來理學家皆宗孔孟，而視荀子爲別支也。

20.「人之性惡，其善者僞也。（僞同爲。）今人之性，生而有好利焉，順是，故爭奪生而辭讓亡焉。生而有疾惡焉，順是，故殘賊生而忠信亡焉。生而有耳目之欲，好聲色焉，順是，故淫亂生而禮義文理亡焉。然則從人之性，順人之情，必出于爭奪，合于犯分亂理，而歸于暴。故必將有師法之化，禮義之道，然後出于辭讓，合于文理，而歸于治。用此觀之，然則人之性惡明矣，其善者僞也。」（性惡篇。）

「孟子曰：人之學者，其性善。曰：是不然。是不及知人之性，而不察乎人之性僞之分者也。凡性者天之就也，不可學，不可事。禮義者聖人之所生也，人之所學而能，所事而成者也。不可學，不可事，而在人者，謂之性。可學而能可事而成之在人者，謂之僞。是性僞之分也。」（同上。）

「今人之性，飢而欲飽，寒而欲煖，勞而欲休。此人之情性也。今人飢見長而不敢先食者，將有所讓也；勞而不敢求息者，將有所代也。夫子之讓乎父，弟之讓乎兄，此二行者，皆反于性而悖于情也。然而孝子之道，禮義之文理也。故順情性，則不辭讓矣。辭讓，則悖于情性矣。用此觀之，然則人之性惡明矣，善者僞也。」（同上。）

「問者曰：人之性惡，則禮義惡生？應之曰：凡禮義者，是生于聖人之僞，非故生于人之性也。……若夫目好色，耳好聲，口好味，心好利，骨體膚理好愉佚，是皆生于人之情性者也。感而自然，不待事而後生之者也。夫感而不能然，必且待事而後然者，謂之生于僞。是性僞之所生，其不同之徵也。故聖人化性而起僞，僞起而生禮義，禮義生而制法度。然則禮義法度者，是聖人之所生也。」（同上。）

案：以上四段，可以綜括荀子論性之大旨。其論人之性完全從自然之心理現象而言。從好利，疾惡，耳目之欲，方面言，則性是喜怒哀樂愛惡欲之心理現象，是卽人欲之私也。從飢而欲飽，寒而欲煖，勞而欲休，方面言，則性是生物生理之本能。自人欲之私與生物生理之本能而言性，是卽等于自人之動物性而言性。此尚非宋儒所謂「氣質之性」也。此固不事而自然。然此自然是動物性之自然。荀子所見于人之性者，一眼只看到此一層。把人只視爲赤裸裸之生物生理之自然生命。此動物性之自然生命，剋就其本身之所是而言之，亦無所謂惡，直自然而已矣。惟順之而無節，則惡亂生焉。是卽荀子之所謂性惡也。然荀子能否認人所固有之惻隱之心，羞惡之心，辭讓之心，是非之心乎？此亦自然而有也。惟此自然不同于動物性之自然，乃孟子所謂良知良能也。荀子「不可學不可事而在人者謂之性」之定義亦可用于此。然則荀子何不由此而指點人性乎？孟子由四端之心以見仁義禮智之性，此不可移也。由動物性之自然以言人性，則與動物無以異矣。「人之所以異於禽獸者幾希」。孟子由四端之心以見仁義禮智之性，正是由此點出人性以與禽獸區以別。然則性善誠不可移也。性善性惡非相對立也。吾人不自動物性以言人性也。性分三品亦膚言也。膚言雜舉，豈只三品，將無量品。吾在此，不必詳辨。

荀子只認識人之動物性，而于人與禽獸之區以別之眞性則不復識。此處虛脫，人性遂成漆黑一團。然荀子畢竟未順動物性而滾下去以成虛無主義。他于「動物性之自然」一層外，又見到有高一層者在。此層卽心（天君）。故荀子于動物性處翻上來而以心治性。惟其所謂心非孟子「由心見性」之心。孟子之心乃「道德的天心」，而荀子于心則只認識其思辨之用，故其心是「認識的心」，非道德的心也；是智的，非仁義禮智合一之心也。可總之曰以智識心，不以仁識心也。此智心以清明的思辨認識爲主。荀子解蔽篇卽在解人之蔽以恢復其清明之智心。清明以「虛一而靜」定。而其正名篇之所言，則在明此心之表現也。（見下正名篇疏解。）此種智心最易爲人所把握，所了解。西方重智之文化系統，其所把握之心固是此智心，卽道家之道心亦是此虛一而靜之智心。智心有兩層：一是邏輯思辨的，一是智的直覺的。前者爲知性層，後者爲超知性層。雖有兩層，統名爲智心，亦可統名爲認識心。西方哲人所把握者，大體以知性層爲主。荀子雖言虛一而靜，然亦只落于知性層。惟道家之虛一而靜之道心，則屬于超知性層。順此而言，卽佛家之般若智亦屬于超知性層之認識心。在西方，惟康德能善言「道德的心」。在中國，則由孟子以至宋明儒者皆精言之，以「以仁識心」爲主流。惟「以智識心」易爲人所把握，而「以仁識心」則不易爲人所喩解。故在西方，柏拉圖，亞里士多德，笛卡兒，斯頻諾薩等所言之心易爲人解，而康德，黑格爾等所言之心，則不易把握。在中國，于解悟上，人易先了解道家佛家，而不易眞了解儒家也。荀子只認識「智心」，而不認識「仁心」，卽足見此中消息矣。其不解孟子，反性善，亦無足怪也。以仁識心，表現道德主體，使人成爲道德的存在。以智識心，表現思想主體（或知性主體），使人成爲理智的存在。而中國文化中之荀子正是與西方文化之主流同其路向。凡只以智識心者，對于人性俱無善解，此西方人文主義之所以不彰，故亦不能立「人極」也。荀子亦如此。以智識心，則思想主體成立，故對于自然亦易首先提練而爲「是其所是」之自然，此荀子之所以視天爲「自然的天」也，而在西方亦如此。思想主體成立，「是其所是」之自然呈露，則邏輯數學科學亦易成立，此西方希臘傳統之所彰著也，而荀子亦因而能作「正名」也。凡順此各方面所成之路向以進，則在知識上必止于經驗主義與實在論。而一般言之，從主體方面說，是理智的理性主義；從客體方面說，是外在的或實在論的理性主義，而終不易至眞正的理想主義。荀子如此，在西方順希臘傳統下來者亦如此。

荀子以智心之明辨（卽不暗之天君）治性，實非以智心本身治性，乃通過禮義而治性也。明辨之心能明禮義，能爲禮義，而禮義卻不在人性中有根，卻不在惻隱之心羞惡之心辭讓之心中表現，是則禮義純是外在的，而由人之「積習」以成，由人之天君（智心）以辨。由天君以辨，是外在的發明義；由積習以成，是經驗義。故荀子曰：「聖人積思慮，習僞故，以生禮義，而起法度。然則禮義法度者是生于聖人之僞，非故生于人之性也。」（性惡篇。）禮義法度是外在的，雖由人之積習而成（卽僞），卻決不會由人之主觀虛構而僞。其根不在內，必在外。是則聖人之僞，必于外有根據。此根據，荀子未明言。然依此思路之所函，其根據必在事爲變化之自然之理。是則「禮義之統」雖是道德的，而其外在之底子卻是自然主義的。若無此底子，聖人之僞必爲憑空虛構也。荀子之禮義，轉來轉去，勢必落至此而後止。此亦卽經驗論與實在論的也。此與順孔孟傳統而言「禮儀三百，威儀三千，莫非性情中出，」迥乎異矣。然禮義究竟是價値世界事。而價値之源不能不在道德的仁義之心。其成爲禮文制度，固不離因事制宜，然其根源決不在外而在內也。此則非荀子所能知矣。落于自然主義，其歸必至泯價值而馴至亦無禮義可言矣。其一轉手而爲李斯韓非，豈無故哉？然則性惡之說，豈可輕言乎？不可不愼也。

「聖人積思慮，習僞故，以生禮義，而起法度，」不是本「民之秉彝」，性分中之所固有，以生禮義，而起法度。聖人之性（荀子所言之性）與衆人同。故曰：「聖人之所以同于衆，其不異于衆者，性也。所以異而過衆者，僞也。」（性惡篇。）是則聖人之僞禮義法度不繫于其德性，而繫于其才能。性分中無此事，而只繫于才能，則僞禮義之聖人可遇而不可求，禮義之僞亦可遇而不可求，如是則禮義無保證，卽失其必然性與普遍性。禮義雖可學，然若衆人之性分中無此事，則雖可而不必能。能不能才也。若根本無此能，則衆人卽根本無「與于禮義」之分也。此則鄙夷生民甚矣。若人人有此道德之心，此心中人人有仁義禮智之性，則隨時隨地皆可與于禮義，隨分隨能皆可表現禮義。其表現之多少，擴充之程度，固可有不同，然人人皆可多或少而與于禮義，是則皆於禮義有分也。皆于禮義有分，則禮義卽爲定然之事實而不落空，是卽保其必然性與普遍性。禮義有其必然性與普遍性，而後人極立，而人道尊。人之成其爲人是性分中之不容已。仁義之心必然而定然，則禮義法度必然而定然。是則人乃能眞實肯定其自己，而非一外在的偶然之存在也。荀子辨塗之人可以爲禹，而不必能爲禹。「雖不能爲禹，無害可以爲禹。」（性惡篇。）此指「爲禹」言，不能固不害其可，可而不必眞能也亦無碍。然就「與于禮義」言，則不可以如此辨。在禮義，則不可說：雖可學而不必能。蓋如此，則必不能人人皆於禮義有分也。然順荀子性僞之分，則必至乎此。此則爲大過。荀子于性惡篇曰：「塗之人可以爲禹則然，塗之人能爲禹，未必然也。」其辨可而未必能，即以「塗之人也，皆有可以知仁義法正之質，皆有可以能仁義法正之具，」爲辨之根據。實則此類比之根據不成立也。可以爲禹而不必能爲禹，可。亦猶人人可以爲聖人，而不必眞能爲聖人。然人人「皆有可以知仁義法正之質，皆有可以能仁義法正之具，」而不必眞能知能行仁義法正，則不可。順孔孟傳統言，人人皆可以爲堯舜，是就人人皆有仁義之心言，而不必眞能爲堯舜，則才有大小，氣質有限度。是則可而不必能，是依德性與才能兩面而爲言。而亦與「人人皆於禮義有分」爲不同類。是則荀子不辨矣。而其所言之「皆有知仁義法正之質，皆有能仁義法正之具」，此中之質與具亦不指仁義之心言，而指才能言，如是，遂有「可知可能而不必眞能知眞能行」之函義，此則眞爲大過矣。然則荀子隆禮義而反性善，其歸也必至不能隆也。而「天生人成」亦無根而不可能矣。

三、荀子論君及其問題：道德形式與國家形式

21.「世俗之爲說者曰：堯舜禪讓。是不然。天子者，勢位至尊，無敵于天下，夫有誰與讓矣？道德純備，智慧甚明，南面而聽天下，生民之屬，莫不振動從服，以化順之。天下無隱士，無遺善。同焉者是也，異焉者非也。夫有惡禪天下矣？曰：死而禪之。是又不然。聖王在上，圖德而定次，量能而授官。皆使民載其事，而各得其宜。……聖王已沒，天下無聖，則固莫足以禪天下矣。天下有聖而在後子者，則天下不離。朝不易位，國不更制，天下厭然，與鄉無以異也。以堯繼堯，夫又何變之有矣？聖不在後子而在三公，則天下如歸，猶復而振之矣。天下厭然，與鄉無以異也。以堯繼堯，夫又何變之有矣？唯其徙朝改制爲難。故天子生，則天下一隆，致順而治，論德而定次。死則能任天下者，必有之矣。夫禮義之分盡矣，禪讓惡用矣哉？曰：老衰而禪。是又不然。血氣筋力則有衰，若夫智慮取舍則無衰。曰：老者不堪其勞而休也。是又畏事者之議也。天子者，勢至重而形至佚，心至愉而志無所詘，而形不爲勞，尊無上矣。……居如大神，動如天帝。持老養衰，猶有善於是者與？……故曰：諸侯有老，天子無老。有禪國，無禪天下。古今一也。」（正論篇）

案：堯舜不禪讓，一、是肯定堯舜爲聖德之天子，二、是就天子之所以爲天子之純理上說。非如近人及戰國法家說其不是禪讓而是篡奪，亦非如孔孟之稱堯舜是從政治理想上說其以天下爲公之美德。孔孟之稱美堯舜是立一天下爲公之政治理想，並從德上立一爲君之標準。而荀子言堯舜不禪讓，是要就天子之所以爲天子之本質而立一個純理念。此皆屬于理想問題不屬于歷史事實問題。孔孟方面之理想且不言，茲就荀子所言之純理念以論中國歷史上之政治形態問題。

依荀子意，讓與傳不同。天位可傳無可讓。無可讓者無可讓之理也。言不應讓，而讓非理也。並非不能讓。堯舜縱使有聖德，而不願爲天子，則依其自由，脫身而去，亦是可能者。依此而言，他能讓，並無不可能者在。然爲天下之君，其身非個人自由隨便來往之身也。是以雖能而不可。理上不應讓也。不顧此不應讓之理，而隨便去之，是謂不依君之理。此爲一普遍原則。荀子默定此原則而未明言之。但由此而進一步將此原則予以說明：一、天子無敵，無誰與讓。（敵者敵體之敵。）二、死而有傳，無所謂讓。三、天子無老衰。蓋血氣筋力有衰，智慮取舍無衰。天子以理言，不以氣言，故無所謂老衰而禪，亦無所謂不堪其勞而休。此即示天子以理定，不以氣定也。吾人看天子亦不看其體力之強弱，其體力之衰不衰無關也。體氣對于天子之爲天子之本質不相干。依是而言，天子之本質爲純理純型（pure form），爲統體是道之呈現（Pure actuality），而毫無隱曲者（No potentiality）。純理純型之天子一代只有一，故無誰與讓者。此義甚精。荀子心目中之君實只是一個道。或由此推之曰：既只是一個道，吾人即可以此道爲常數，何必須一具體之人爲天子？曰：此義固可說。然天子者，人羣組織中之事也。既有現實之組織，必有組織中現實之個體。道不只是道，必須表現爲某種形態之道。道不只是空掛之道，亦須是表現于現實中之道。既在現實組織中言道，道固不可少，而象徵此道之具體物亦不可少。此具體物一面爲與道同質，一面與組織中之個個分子爲同質，故可爲媒介，將道普現于現實組織中。是以天子者，道之象徵也，而以其具體之身與現實相接遇，而可爲羣倫之所仰望也。故荀子曰：「君者善羣者也。」（王制篇。）又曰：「君人者所以管分之樞要也。」（富國篇。）分與義即是道在羣中之表現。而以君爲媒介，此道始能落下來而與現實相接頭。依此，道不可少，君亦不可少。道爲永恒之常數，君爲時間中之常數。即在今日，有憲法，此爲永恒之常數，然必同時又有總統，此爲時間中之常數。道，在其未表現爲憲法形態，未至爲民主政治形態，則必直接以君爲媒介。在此情形下之君，其本質卽爲純理純型，有傳而無讓。傳以聖爲準。聖在子傳子，聖在賢傳賢。然必一爲君，則終身而無讓。其本身卽爲絕對體，故其爲定常亦有絕對之意義。道之此種形態表現，名曰直接形態。而憲法形態或民主形態，則名曰間接形態。而直接形態落下來必爲「君主專制形態」，間接形態必爲「民主政治形態」。此差別甚重要。而由直接形態到間接形態，直是人類歷史上與思想上之大奮鬬大進步。荀子所論者猶屬直接形態也。就直接形態言，故荀子論君，㈠、是就君之理言，不就其爲具體之人之氣言；㈡、凡爲君者，其氣必應總順理，故其一生只可以理看，不可以氣看，雖有氣而以其氣總順理，故氣亦理矣，吾人可忽之而不問，直至其死爲止，故無讓也。㈢、但可傳而無下傳之道，卽未能有一下傳之法律上之軌道，而只依自然之出生與代替，此則甚壞。此爲中國學人所從未討論而思有以解決之之問題。（孟荀俱未就此進一步而論之，後來理學家及顧、黃、王諸大儒亦在此無辦法。）在無法律軌道以傳之之情形下，君之出現常是取決于戰爭。若君之選擇限于子與三公之賢者之範圍，則齊頭並列，皆爲敵體，誰能爲首出庶物者，亦無妥善之辦法，而仍不免于戰爭之混亂。後來依宗法定爲傳子之制度，亦以於傳賢尙未想出確定辦法也。然傳子而子未必聖，亦未必合于荀子天子無讓說中之君德。而荀子無讓說中亦不函究傳子抑傳賢。荀子單就已爲君者而言君之純理念上之本質以及其所應具之德，至於下一代，則委諸自然天命而不問矣。此卽無辦法以爲縱的安排也。至于依宗法定爲傳子，則對于君雖稍有縱的安排，而仍無妥善之橫的安排。此卽君主專制形態也。㈣、單就已爲君者而言君之純理念上之本質以及其所應具之德，然爲君者，事實上其一生不必盡能如此德。（卽其取得天位亦常不以其如君之純理本質而居天位，而常依其才能與武力。惟古人常就德而言耳。）當其理不勝氣時，則卽失其德，而不足以爲「管分之樞要」。（因彼究竟是一現實的人，而不是純理念。）但雖失其德，而彼自以爲不失德，彼亦無可讓。如是，勢必有革命之說。此革命之說與委諸自然天命同，同爲無辦法之結果，且同爲無讓說之所函。此義即在傳子下亦適用。在傳子下，革命復函有篡不篡之兩類。孔孟以天下爲公之禪讓說，在原則上，實比荀子無讓說爲高。以其可以向「間接形態」轉也。然禪讓而無一法律上之客觀軌道，則間接形態究不能出，而天下爲公之禪讓亦只是一不完整之理想而已。而一落實，則仍是革命與委諸自然之天命。孟子於此亦未能進一步思之也。故中國歷史上之政治形態實只是向荀子無讓說下之直接形態走，而後來儒者亦只就君德而言其純理之本質矣。從未有就天下爲公之禪讓說以向間接形態想而思有以實現之也。

22.「世俗之爲說者曰：桀紂有天下，湯武篡而奪之。是不然。以桀紂爲常有天下之藉則然，親有天下之藉則不然。（王先謙云：兩「天下之藉」並當作「天子之藉」。「常有」謂世相及。「親有」身爲天子也。「則不然」當作「則然」。）天下謂在桀紂，則不然。……聖王之子也，有天下之後也，勢藉之所在也，天下之宗室也。然而不材不中，內則百姓疾之，外則諸侯叛之。近者境內不一，遙者諸侯不聽。令不行於境內，甚者諸侯侵削之，攻伐之。若是，則雖未亡，吾謂之無天下矣。聖王沒，有勢藉者罷，不足以縣天下。天下無君。諸侯有能德明威積，海內之民，莫不願得以爲君師。……故桀紂無天下，而湯武不弒君，由此效之也。」（正論篇。）

案：孟荀俱以爲「誅一夫紂也，未聞弒君也。」是則晚周諸大儒俱主革命說與委諸自然天命之選擇。此義一直貫穿秦漢後二千年之歷史，而無其他善法以進之。近人謂孟子有民主思想。儒家皆主重民愛民，此固可有「民主的」之函義。然謂此重民愛民之思想卽間接形態下之民主政治思想，則不然也。在無合法之傳遞下，民主無可言。關鍵全在時間中常數是否能合法地產生。古賢對此問題，可謂全無辦法。自夏禹傳子家天下以後，演變至周，于一家世襲，依宗法，有一定之制度。然此制度乃直接形態下一家世襲之制度。一家世襲皆原則上期其世世無窮，然而此在事實上不能世世無窮者。及其一家之具體個體氣數已盡，則依宗法以世襲之制度卽顯出其無效，皇位無法下傳，而革命生焉，乃委諸自然天命之選擇。此卽反顯皇位下傳並無一法律上之軌道，亦顯示間接形態中政權由皇帝一家轉移至民，始眞能解決此問題。在直接形態下，卽政權在皇帝一家之君主專制政體上，古賢一致之想法，乃是㈠、視天子爲至崇高，乃至聖之事，非至聖不能居此位；㈡、全注意于其聖德，而自德以言之，自德以望之；㈢、是以無客觀有效之法律以安排之，全靠其自身之最高之道德覺悟與智慧以自律其自己；㈣、在荀子，君爲「管分之樞要」（見富國篇），其本身須爲大儒聖王：知統類，善禁令，總方略，齊言行，道德純備，智慧甚明，純依乎理，不勞而至「治辨之極」。而在漢後之儒者，則尙不止此，且進而以爲天子上同天道，負絕對眞理實現于人間之重責，故其言行德量必全同于天，敬天法天，代天畏天。其德不能法天，即失其爲君之道。不能敬天畏天，彼即無可敬畏者，而無所不爲，即成獨夫。此則亦以最高之道德覺悟與敬畏天命而自律。此外，並無其他有效之辦法足以控制之。荀子則無法天敬天之義，以其視天爲被治者，爲自然的天，而正宗儒者則于天有正面之肯定，故有法天敬天之義也。法天敬天，即有天超越于君之上而爲其限制。然君位至高。在現實組織之分位等級中，彼乃最高最上之一級。愈在上，統馭之道即愈近于理律，而遠于法制。而彼又是政權之所在，亦實無一客觀之法律以制之。故終賴其以理自律也。然以理自律，須賴其自己之最高道德感。道德感不足，即不能自律，而又無外力以控制之，則即橫決而漫無限制。雖有天在上，超越而限制之，然彼若不覺不受，則限制之之天，雖外在而無力。故位愈高，控制之之外力愈微。一旦將此超越之者拆穿而無睹，則君即成全無限制者。禍亂即從此生。而革命，獨夫，自然天命之競爭，亦隨之必然而來矣。故古人對君除責之以自律外，蓋無他道。荀子並此超越之天之限制亦無之。故曰：「天下者，至重也。非至強莫之能任。至大也，非至辨莫之能分。至衆也，非至明莫之能和。此三者，非聖人莫之能盡，故非聖人莫之能王。聖人，備道全美者也，是縣天下之權稱也。」（正論篇。）此純注意君之才能：至強，至辨，至明，備道全美。然聖人可遇而不可求，且百年不一遇，此誠乎難乎其爲君矣。又無超越之者以限制之，則小心翼翼之敬畏亦無從說。此蓋除備道全美之大才能，將無法而爲君。是以超越之者之外力雖微，無之終不如有之也。

在對于君無妥善之安排下，革命，獨夫，自然天命之競爭出，而現實歷史之一治一亂之局面亦形成。孔子所湧現之華族活動所依據之基礎形式卽文化大統者在政治上遂只以道德教化之方式而表現。擔負此責任者爲士大夫。吾將名之曰宰相系統。此一系統中之士（以儒者爲主）以道德教化之精神貫注于組織中之全體：上自天子，下至庶人，一是皆以修身爲本。故君曰聖君，相曰賢相。有聖君賢相，則此道德教化之精神卽發揚而光大。因而政治清明，風俗純美，所謂太平盛世也。而道德教化必賴人之道德感，而道德感之發揚光大又必賴人之天資高才氣大，推擴得開，因而此人之道德智慧必一齊俱茂，非只拘拘之小人儒也。仁智俱茂，卽爲聖君賢相。而繫于由道德感而發之仁智之推擴非可強而致。庶人不爲惡，未必擴得開。是以只能爲被動而沐浴于君相之清風中。而尊尊之義道，雖表現而爲組織中之分位，而此分位之等級以道德教化之浸潤爲其背據，亦只有下被而穩定庶民之功用，而不能在此分位之等級中興發庶民之自覺以抒發其客觀之精神以盡其義務于羣體。是以雖有分位等級之組織，而終不能成爲國家之形態。庶民不能興發客觀精神，則君相之聖與賢亦只是個人精神與天地精神，而不能表現其在相對制約中之眞正的客觀精神。在上下無客觀精神之表現下，庶民卽不能成爲一公民，因而亦不是一自覺之個體。庶民不能成爲公民（政治之存在），則對于君相無積極之核對與限制作用，而只有睡眠之馴服與造反之暴亂。而君相亦只靠其德慧之充其量，擔負無限制之重任，死而後已。一方顯其無限之擔負，一方亦卽顯其愈爲無限之超越體。此卽吾人所謂君相擔負過重，庶民擔負過輕，甚至一無擔負之意也。縱使君相眞至聖賢之境而至于「無爲而無不爲」，此似至佚而並無擔負，然眞至「無爲而無不爲」之境，卽是最高之神聖之境，此卽是最大之擔負。君相愈至神聖之境之擔負，人民愈是趨于隱伏而無擔負。此由聖君賢相而來之結果。復次，仁智之推擴既非可強而致，則奸相昏君成事不足，敗事有餘，而若無法以對治之，則只有天下大亂，羣雄角逐，所謂「天地閉，賢人隱」之亂世也。是以以往之歷史，在文化大統只表現爲道德敎化之形式下，上不能馭君，下不能興民，而分位等級之政治形式只于宰相系統有效，而對于上之君，下之民，俱無積極之實效。而上下兩端既無辦法，則卽足以衝破此分位等級之組織，而綱紀崩壞，道德敎化亦無所施。在此時，宰相系統中之士大夫不爲馮道，卽爲漢奸，不爲隱士，卽爲忠臣孝子，成仁取義，大聖大賢，存兩間之正氣。是以在道之表現之直接形態下之君主專制政體中，爲君難，爲相亦難，相夾逼于上下兩端中，直不能維持其政治上之獨立性與客觀性。因上之君下之民俱不能客觀化故也。吾每感此而興無涯之悲痛，遂發願深思而求其故。必解消此中之暗礁，吾民族始能卓然自立，免去此歷史之悲運。

吾必須斷定：文化大統在以往只表現爲道德敎化之形式乃爲不充分者。必須進一步再以國家之形式表現出。而以國家之形式表現出，則必須促成國家形式之出現。國家形式之出現，設就適所述之名詞言之，㈠、必須對于君有妥善之辦法以安頓之，決不能純從道德之立場以責望之，此關鍵卽在間接形態下憲法軌道之建立。㈡、必須使人民在此憲法軌道中成其爲公民，使其自覺有公民之權利可享，有公民之義務當盡。㈢、在憲法軌道中湧現客觀之精神。如是，國家方能眞實建立，卽在一制度基礎上各個體皆通過其自覺而重新組成一統一體。文化大統中所表現之道德理性必在國家形式下方能眞實實現于歷史。在國家形式中，君(元首)、士(宰相系統)、民，唯是以表現客觀精神爲職責，而不是空頭之個體以唯是表現主體精神與天地精神者。(聖君賢相之無限體卽是空頭之個體以表現主體精神與天地精神者，而潛隱不自覺其爲一公民之人民亦是空頭之個體而無所表現者，如其有自覺而有所表現亦是表現主體精神與天地精神者，如人人皆可以爲聖人，皆可以如其分而盡性，便是。)以表現客觀精神爲職責，此純是尊尊之義道。而義道必在分位等級之限制中表現。由此限制中之分與義，合而貫之，而于國家形式下表現文化大統所示之道。在限制中各盡義道，似其表現爲有限，然而透過國家之形式，則有限之客觀精神卽有無限之函義，卽藉有限表現無限也。無限之天地精神（卽絕對精神）之強烈表示與顯著展示，乃在國家患難之時。此所謂以身殉國卽以身殉道也。在平時，各盡其責而從事國家以及社會各方面之安定與發展，絕對精神不強烈表示，而只鼓舞踴躍以實現國家及社會各方面之價值與理想，此則和睦融洽經由客觀精神而以道殉身也。以上無論平時或患難時，皆就國家形式而言之。若自教育學術文化方面言，則道德教化之形式仍有其培養陶冶之大責而不可頃刻離，而個人主體精神與絕對精神仍可有其獨特之發展。此高人逸士，大聖大賢，天才詩人，虔誠宗教家，寧靜科學家，乃絕不可須臾不予尊崇也。此等人雖不負國家政治中之實際責任，其個人主體精神與絕對精神特別顯著，然而國家形式一經出現，彼亦必不違客觀精神也。否則亦不足道矣。

在文化大統只表現爲道德形式下，是把君規定得太高。君必須是「備德全美」之至聖，他直是「絕對之道或神」之化身。依是，其本性必須是純理純型，統體透明而無一毫之私曲。然此談何容易。數千年之歷史幾無一日而無君，而能合此標準者可謂全無。以只負政治等級中一級之責之元首而責望之如是其高，是無異于責彼不可能實現之人而必期其實現之。（公羊家及孟子皆視天子爲爵稱，卽視其爲等級中之一級，而不視之爲超越之無限體。此則對于君之本質思之較近。）其中必有不恰當者在。不恰當者，卽不能恰如君之分位而規定之。依此而言，吾人對于君只可責望之以尊尊之義道，過高之境界與德慧不可期之于君。君是政治中之一級，是國家形式中之存在，不可再以道德形式中之至聖期望之。前人已有「至高者不能爲君，至低者不能爲君」之言，此卽暗示此中之消息矣。古賢或有必以孔子不得位爲憾，必視之爲與堯舜禹湯文武爲同類。明亡，呂留良，曾靜，以爲必孔孟及理學家始有資格作皇帝。此乃一時感憤之言。自孔子承擔定文統立人極之大責，卽已暗示出負此責者不必同于政治元首之責矣。君師可以分途而不必兼于一身。而現實歷史上已實分途矣。此中國文化之所以天地君親師並建也。近人動輒以政教合一責儒家，實則合一者是自社會文化整個而言，不合一于皇帝一人也。而以爲儒家導致極權專制者謬矣。君師旣分途，卽不可以至聖責望爲君者。此思想上之不恰當卽阻碍國家形式之出現。吾人以爲期望成聖成賢而與天地精神相往來乃道德中所有事。可讓孔孟以及理學家擔負之，而其責任在文化。是以吾人言文化大統必就此而言也。文化大統是國家之命脈，民族之靈魂，人類價值之所在，決不可以須臾離。離則必亡。此是本原形態。國家政治是組織形態。兩者必兼備而諧于一。

以往所以以至聖責望爲君者，是道之直接表現形態下，儒家學術只表現爲道德敎化之形式下，所應有而亦無可奈何之想法。是以吾人疏導以往儒家學術，中國文化，及政治形態，只說其「只表現爲道德敎化之形式」爲不足，而須轉出國家形式以及政治形態方面之間接表現形態以補充之。惟此步作得到，則君師殊途以及天地君親師並建之密義始能充分實現，而中國文化以及政治中之一切癥結與弊端始可解消而得其生命之暢達矣。其鬱結至今，正宜得其暢達之時也。

23.「今世俗之爲說者，以桀紂爲有天下而臣湯武。豈不過甚矣哉？譬之是猶傴巫跛匡（匡同恇同尪，廢疾之人，）大（當爲而）自以爲有知也。故可以有奪人國，不可以有奪人天下。可以有竊國，不可以有竊天下也。可以奪之者，可以有國，而不可以有天下。竊可以得國，而不可以得天下。是何也？曰：國小具也。可以小人有也，可以小道得也，可以小力持也。天下者，大具也。不可以小人有也，不可以小道得也，不可以小力持也。國者，小人可以有之，然而未必不亡也。天下者，至大也，非聖人莫之能有也。」（正論篇）

案：自夏商周以來至春秋時代，有國與天下之別，有王與諸侯之異。荀子就此歷史事實分國與天下。國有對，天下無對。天下之大不只大而已，乃是無對之大。就此而言，則有天下之君規定爲備德全美之聖人，亦爲理之所應有。蓋有天下之君直爲神或道之化身或代表。神或道無限而徧及，其所馭者爲宇宙萬物，則神之化身之君以治天下，亦必同其無限而遍攝。依此，君之德不得不規定爲至高，而亦必與「天下」觀念爲相應。此猶如天主教之教皇然，而吾國古藉亦云「普天之下，莫非王土。」此天下與王之觀念之爲無對，乃甚顯然者。

自秦漢一統後，廢封建爲郡縣，有對之國在中國歷史上，即不存在。而中國之爲國一直是古代「天下」觀念之延續，而皇帝亦一直是古代「王」一觀念之延續。直至鴉片戰爭後，中國始覺其亦有對。然有對中之國家及其所函之一套意義，中國歷史上並不具備。春秋時代有對之諸侯之爲國亦未具備國家之所以爲國家之一套意義。是以在中國人心思中，雖自鴉片戰爭後開始覺中國亦爲有對體，然對國家形式仍是模糊不淸者。一直綿延至今，人之心思仍爲泛社會主義之思想所主宰，此卽古「天下」觀念之變形。而對國家之所以爲國家之一套意義仍無積極而健康之認識，故在建國之苦鬬過程中，國家始終建不起，國家形式亦始終未有眞實之實現，而終爲共產極權所篡竊。對于國家形式如無眞正之認識，徒民族情感乃爲不足者。辛亥革命後，在轉變形態之建國過程中，如對于國家之所以爲國家之「義理的認識」不眞切，則徒只民族情感乃抵不主有義理基礎有概念思想之共產主義者。共產極權之篡竊不能久，而若對于國家之所以爲國家仍無眞切之認識，建國之途徑走不上，則中國仍不能有眞實之自立，而必日在顚倒疲軟中。此則大可警醒者也。

以往之歷史，中國雖有政治組織，而卻從未由此湧現出國家性。其不湧現之故，外緣固甚多，如社會或經濟，以及四夷俱在吾之廣被下而不足以與吾相對抗相限制，皆可爲不湧現之外緣。然吾人仍不能過份重視此外緣。因國家之成立並非以經濟爲決定因。猶太人固善于經濟者，而不足以成國家。又對抗亦非國家成立之決定因。蓋國家並非因對抗而成立，國家亦非純是武力之別名，寄其本質于武力。吾華族受夷狄及近代列強之患及侵入，可謂屢矣。豈止對抗而已哉？何以終不出現國家性？由是觀之，國家之本質必別有在，決不在此諸外緣也。

國家是文化上的產物，不是一自然產物，是表現道德理性的一個客觀組織，通過道德理性之要求客觀化而成的一個文化上的存在，不是階級統治的壓迫工具，亦不是表現武力而由武力形成者。（這些都是附屬的偶有特徵。）國家表示一個羣體之統一組織，然此統一必須通過各個體之自覺而重新組織起，方是一眞實之統一。若徒由打天下而來者，則不是一眞實之統一。若就今日而言近代化的國家之成立，則所謂通過各個體之自覺而重新組織起之統一，必須是在此自覺中作到兩步：㈠、對于君須有一客觀有效之安排，使其成為客觀化，使其絕對性變為相對性，無限性變為有限性；㈡、對于民，使其在自覺中成為一眞實之存在，使其覺得在國家政治中是一權利義務之個體。此兩步作到，卽為道德理性之間接表現形態。故在今日而言近代化國家之成立，國家形式之出現，與民主政治之出現是一事，同在道德理性之間接表現形態下而出現。吾華族以往之歷史，雖有政治之組織，而內在于此組織之等級中亦可以說義道，然貫于此組織中之精神卻是道德教化之形式，而此形式之作用卻是個人的，同時亦是天下的。因是個人的，故散漫。散漫，故政治等級中之義道只成形式之名位，而不能顯其眞實之作用與客觀之精神，是卽義道不能貫徹表裡而終透不出也。義道透不出，政治等級之形式卽不顯其互發互限之內拱作用，只成一散的連繫之外衣。太平盛世，各在其位上披此外衣以享受，亂時則此外衣卽被搗破而漫流。勵精圖治，則聖君賢相提起最高之德慧以恢復而穩定之。如是循環不已，直成慣例。吾人若知道德理性之只表現爲道德敎化形式之直接形態不足以促成國家性之出現，（此時只有個人主體精神與天地精神），則必須轉進一步，重新覺悟到間接形態之重要，如是方有眞正之客觀精神，而義道亦方能眞實實現。此須是思想上自覺地認識到國家之所以爲國家之一套意義于建國上之重要，于實現價值表現道德理性上之重要，于文化發展上之重要，而後可。吾人再不可紛馳歧出于個人，社會，天下，大同，諸虛浮散漫之觀念中。在此等觀念之中打旋轉，皆足以引吾人至虛無主義之陰暗路上去：軟性的或硬性的虛無主義之流毒，吾人數十年來以至今日，已身受之矣。是以吾人今日講國家性之出現，必不可與自由民主爲對立，而講自由民主之出現亦必不可與國家爲對立。講個人，不可流於泛個人主義；講社會，不可流於泛社會主義；講天下大同，不可流於空頭之淸一色的荒凉的大同。凡此皆足以導致極權而互爲因果，而其總歸皆虛無主義也。

四、荀子與法家：君德與君術

24.「世俗之爲說者曰：主道利周。是不然。主者民之唱也，上者下之儀也。彼將聽唱而應，視儀而動。唱默，則民無應也。儀隱，則下無動也。不應不動，則上下無以相有也。若是，則與無上同也。不祥莫大焉。故上者下之本也。上宣明，則下治辨矣。上端誠，則下愿愨矣。上公正，則下易直矣。治辨則易一，愿愨則易使，易直則易知。易一則強，易使則功，易知則明。是治之所由生也。上周密，則下疑玄矣。上幽險，則下漸詐矣。上偏曲，則下比周矣。疑玄則難一，漸詐則難使，比周則難知。難一則不強，難使則不功，難知則不明。是亂之所由作也。故主道利明不利幽，利宣不利周。故主道明，則下安。主道幽，則下危。故下安，則貴上。下危，則賤上。故上易知，則下親上矣。上難知，則下畏上矣。下親上，則上安。下畏上，則上危。故主道莫惡乎難知，莫危乎使下畏已。傳曰：惡之者衆，則危。書曰：克明明德。詩曰：明明在下。故先王明之，豈特玄之耳哉？（特猶直也）。」（正論篇。）

案：此所以異于法家處。儒家重君德，法家重君術。重君術，故主「主道利周」。周、密也，隱也，偏曲也。與宣明，端誠，公正，相反。荀子所斥之世俗之說即法家之說也。以前儒者固亦視君爲至道之化身，以備德全美之至聖期之。其如此視之期之，端在使君神聖化。神聖化，即人也而必須具神德。是以其爲神聖化，非自外部而言其威然可畏，但自內部而言其德必須如神如聖。此即前二一條案語中所言荀子視君以理定，不以氣定也。天子之本質必爲純理純型，必爲統體是道之呈現，而無一毫之私曲。此即言：天子只應是理而無氣。然天子亦人也。人而不能無氣。以有氣之人而必期之以無氣之神，此則殆甚難。故自人情言之，天子必甚苦，毫無生趣者；而視彼之以神道教天子者亦必爲不近人情也。程伊川在經筵，以神道教哲宗，遂遭俗情之詆謗。朱子伊川先生年譜記云：「嘗聞上在宮中，起行漱水，必避螻蟻。因請之曰：有是乎？上曰：然，誠恐傷之耳。先生曰：願陛下推此心以及四海，則天下幸甚。一日講罷，未退。上忽起憑欄，戲折柳枝。先生進曰：方春發生，不可無故摧折。上不悅。」哲宗之所以不悅，正因其是人而不能爲神也。然伊川之教法，自以往儒家言之，亦正不誤也。蓋在以往之政治形態下，儒者視君爲替天行道之公物，君不能私其身，推其極，必應如此也。難固難矣，而在聖君賢相之政體下（道之直接表現形態），君若眞是法天代天，則君之理必應如此。其不能如此者，必不堪爲君，亦不宜爲君也。或即爲之，亦不合君之德也。此豈可純以普通之人情衡之乎？蓋其居位，使之然也。彼能修得「廓然而大公」之體，然後能成無爲而無不爲之用。

然儒者之視君，雖如此其特殊，而自普通常情言之，亦若不近人情，然與法家較，則又決不似法家之陰險殘刻，純以術成之詭密不測者也。儒家之君之爲神聖以德成，法家之君之爲不測以術成。此實兩者之肯要區別。以術成者，君之德爲詭密陰險，無仁無智，無禮無義，只是一陰森之深潭，而無光明俊偉氣象。君之本身爲一陰森之深潭，是其本身先已陷于殘刻枯燥而自藏于黑暗之地獄，不能面對光明之眞理，則自不能有光明傳達于社會而普照于人間。然彼之深潭之權術，又不能無所藉以下達，以收統治之效。其所藉以下達者，唯是極端外在之賞罰之法。是以其所下達者，亦只是黑暗冷酷，將全人類投置于非人性之工具機械之地獄中。君之深潭與社會乃絕然間隔不通者，其所恃以連結此間隔者，唯是法。任何國家不能無法，任何政治思想亦不能不重法，儒者亦不忽視法。惟於法家思想中，君之深潭與社會間隔不通，而唯賴法以下達，則套于此系統中之法始成爲莫大之罪惡。是以法家之所以爲法家，不在其用法，亦不在其信賞必罰，綜核名實，（世俗徒視此爲法家，甚壞事。）而單在其用法之根據，在其所規定之用法之君之以術成，以及其視人爲性惡，視人民爲芻狗，爲純然之物質原料。此法家之所以爲法家處，不可不察也。此種思想用之于政治，最爲摧殘生命，敗壞風俗。歷史中，假若有以此爲治術者，必爲民族生命之墮落，必爲歷史精神文化生命之極端坎陷時期，黑暗時期，而野蠻無文化之民族又最易接受此套陰森黑暗之思想。秦與蘇俄卽此類之民族也。而自華族之發展史言之，至今日而有共黨之出現，披靡一時之人心，卽吾華族之文化生命之墮落，亦卽吾歷史精神之極端坎陷極端黑暗之時期。野蠻無文化之民族，雖易接受此一套，而此一套究是黠者之奸詐所加諸生民者，決不能生根于人性。故秦不旋踵而亡，而蘇俄亦將必遭自毁之慘禍。此豈可以爲常耶？依是言之，中國今日之坎陷與墮落，亦必有「剝極必復」之一日。蓋吾民族數千年之歷史，乃一高度文化貫注于其中之歷史，乃以儒家之德化與禮樂文教爲骨幹之歷史。此生根于人性深處之德化陶冶吾民族生命如是其深，則生命深處所蘊藏之此種崇高之精神決不能永隱而不顯，必有一日湧發而出，以其光明俊偉之熱力冲刷此黑暗之陰霾。共黨之奸僞巧詐，陰森黑暗，乃今日之新型法家也。法家以富國強兵，稱霸天下，動人主。共黨以共產，窮人翻身，爲號召。此表面之標榜，並無所謂。要者乃在其物化生命，不以人視人之唯物論，乃在其自身之運用與夫運用他人之一套權詐。兵不厭詐，此詐之只屬于兵者也。爭奪皇位、父子兄弟且不相保，此詐之只屬于朝政者也。故權詐而有限制或範圍，亦並不甚可懼。惟法家與共黨之權詐，自其自身言之，乃首出庶物，窮盡無漏者；自其對他而言之，則必排棄一切，否定一切者。此乃徹頭徹尾之權詐，無有足以冒之者，此則大可懼，大壞事。故上自運用者，下至被運用者，一是皆落于權詐之機器中，人類社會焉得不陷于陰森、黑暗、冷酷、物化之深潭？故法家與共黨之思想，自其本性言之，實是人類精神之大墮落。

儒家之君之爲神聖以德成，卽，以德之充其極而使之成爲一無限之存在。其所以必視之爲德之充其極之神聖，卽因其乃代天法天者。君在現實組織之層級中乃至高無上者，在其上者只有天道。儒家視君必須爲代天法天者。又因君之分位乃至高無上者，故其與天道之關係乃最直接。以其直接，而又必法天，故其德不能不充其極，而期有以類乎天，似乎道。此君之所以以理定不以氣定之故也。（君之德之期其類乎天，似乎道，目的是在成功政治上之無爲而無不爲以安天下治天下。聖人之德之類乎天似乎道，則在立人極，樹敎化，以爲人倫之至。）君之德而期其必如此，雖與常人不同，又若不近人情者，然以其所居之分位故，不得不如此。又因其以德定，故君所代表者乃一統體是道之光明，（此自就理言，不就現實上言，）決非一陰森之深潭。蓋以德定，則不能不肯定仁義禮智之全德。旣肯定此全德，則其生命卽須繫屬于此全德之整套。（與法家之君之繫屬于權術者不同。）繫屬于此全德之整套，其生命卽有潤澤而不乾枯，有安頓而不墮落。潤澤之極，安頓之極，則其氣卽全化而從理。（儒者視此爲人人可爲。）儒家視君，無論現實上作到作不到，而在定義上則必須如此。故君所代表之核心，其自身卽是潤澤而不乾枯，光明而非黑暗者。因其爲光明，自不與社會隔，因其不幽不密故也。其光明必下達，必廣被，亦猶善之必傳播，必及物。其下達之憑藉是價值觀念之層級：人格價值之層級與客觀的分位之等之價值層級。尊德尚賢，其次才能。故荀子有俗儒，雅儒，大儒之別。而述爲學之終始，則曰「始乎爲士，終乎爲聖人。」卽在分位之等之價值層級上，亦以賢德才能定高下。故「自天子以至庶人，一是皆以修身爲本。」（法家反尚賢，不承認價值之層級，乃以極端外在之法一刀削平者。故君與社會必隔。）光明而下達，亦期以德而誘發人類，光照社會，陶養人性，潤澤生命。故必愛民，化民，教之向上，孝弟力田，教之不爭不鬪，相禮相讓，親親尊尊，重節守序。無論現實上作到多少，而此一系統之本性固如此也。在現實之發展上，此一套亦並非已臻盡美盡善之境。顯然上文第三節所說之道之直接表現形態與間接表現形態，卽已示以往之發展並非充分者。然此一系統之用心決是積極而健康者，一直在護念人間而不捨。其爲一切發展之基礎形態，普遍的根底，決無可疑。是以儒家思想自是正面者，向上者。其氣象爲光明俊偉，決非陰森黑暗。反動隨時而有，而此標準始終屹然不廢。現實歷史中，此標準之實現，差失出入，稍剛稍柔，亦隨時而有，然終必以此爲骨幹，爲統緒。此決不能歪曲而否認之。（近人固有否認儒家爲正統者，亦不認之爲標準。且以爲現實歷史中，儒家理想從未完全實現者，亦無有純行儒道者。此固然也。然因此便否認儒家之爲正統爲標準爲骨幹，則大謬。亦淺夫不思之過耳。）

在法家思想中，無價值觀念。君代表陰森之深潭，以權術而自詭。其視下民爲芻狗爲工具。而又相隔而不通，純任外在之法以劃平之。價值觀念，自不能容。此一思想，自李悝相魏，吳起相楚，商鞅相秦，經過申不害之言術，至韓非而大成。于現實政治上，如廢封建，置郡縣，除貴族，因而形成君主專制之大一統，自其結果而言，亦並非全無是處，自有其歷史發展上之價値。至所以有此思想，以及所以措之于當時實際政治上，亦自有其現實歷史上之原因或機緣。蓋周爲封建、貴族、宗法、井田並行之制度，其久也不能無弊。至春秋戰國時，其弊已極，已至不能維持之時。儒家言親親之殺，尊尊之等，多就現實之周制而言之。人不能識其由反省轉進所成之理想的意義及永恒之價值，而但就其所附麗之腐敗之空殼以視之，故孔孟之道終不能行，且必遭迂濶保守之譏。時勢所趨，亦無有能行之者，故必不合時宜。法家乘勢而起，並非無故。自其否定腐敗空殼而言，非無歷史之原因，亦非無一時之功績。由原始社會政治所累積之制度，本非純由理性的自覺而建立，不免拖泥帶水而演成。及其成爲腐敗之空殼，時勢所趨，自應刼而生之法家觀之，非徹底否定不爲功。其否定之是也，而其所根據之思想則大壞。自歷史發展觀之，此自爲一大坎陷之時期。不坎陷，不足收否定之功。而亦正因其是坎陷，故必毀滅價值，摧殘人性。此不得不謂之爲精神之向下，生命之墮落也。然此種向下與墮落，實有其歷史發展上之必然性。不管法家思想之本性爲如何，而自其運用所結外部之果言，亦並非無歷史上之功績。經法家與秦之結合而來之暴風雨之變動與統一，遂使國史轉入一新階段。而坎陷總是坎陷，決不能說有正面之價值。故秦不終朝而亡，亦所以備漢也。漢承之，乃從正面以前進。自此以後，以至于淸，決無用法家思想以建國創制，與敎化民者。然此二千年之歷史，其文化大統以何形式而表現，乃吾人所注意之問題。此如上第三節所述。（各期歷史時代精神之詳解，非本文所及。見吾歷史哲學。）

附錄

荀子正名篇疏解

——此文根據王先謙荀子集解寫成，以備讀者了解荀子之精神。

後王之成名：刑名從商，爵名從周，文名從禮。散名之加于萬物者，則從諸夏之成俗，曲期遠方異俗之鄉，則因之而爲通。散名之在人者：生之所以然者，謂之性；性（當爲生）之和所生，精合感應，不事而自然，謂之性。性之好惡喜怒哀樂，謂之情。情然，而心爲之擇，謂之慮。心慮，而能爲之動，謂之僞。（同爲）。慮積焉，能習焉，而後成，謂之僞。正利而爲，謂之事。正義而爲，謂之行。所以知之在人者，謂之智；知有所合，謂之智。智（衍字）所以能之在人者，謂之能；能有所合，謂之能。性傷，謂之病。節遇，謂之命。（節訓「時」或「適」。）是散名之在人者也。是後王之成名也。

故王者之制名，名定而實辨，道行而志通，則愼率民而一焉。故析辭擅作名，以亂正名，使民疑惑，人多辨訟，則謂之大姦，其罪猶爲符節度量之罪也。故其民莫敢託爲奇辭，以亂正名，故其民愨。愨則易使，易使則公（當爲功。）其民莫敢託爲奇辭以亂正名，故壹于道法，而謹于循令矣。如是，則其迹長矣。迹長功成，治之極也。是謹于守名約之功也。今聖王沒，名守慢，奇辭起，名實亂，是非之形不明，則雖守法之吏，誦數之儒，亦皆亂也。若有王者起，必將有循于舊名，有作于新名。然則所爲有名，與所緣以同異，與制名之樞要，不可不察也。

解曰：此荀子正名篇之首段。言名凡四類：一爲刑名，二爲爵名，三爲文名，四爲散名。前三類爲歷史文化的，亦屬于典章制度的。「刑名從商」，楊倞注云：「商之刑法未聞。康誥曰：殷罰有倫。是亦言殷刑之允當也。」「爵名從周，謂五等諸侯，及三百六十官也。」「文名謂節文威儀，禮卽周之儀禮。」（俱楊注文。）言從商從周從禮者，卽一切典章制度之名，足以網維人羣而爲言行之模型者，皆爲歷史文化之累積而演成，亦卽皆在實踐中而成定型也。一成爲定名，卽指一定實，是每一名卽一形式也。前人累積而成，後人順之而進，不可隨意妄作也。故有所「從」。蓋名之成，皆有事實以限之，亦卽反而相應一事實。惟此典章制度之名，其事實爲實踐的事實。在實踐中以成之，卽相應一實踐的事實，亦反而爲實踐的事實所限也，不能遊離漫蕩也。故有實效性，亦有時效性。實效性言其不離于實踐的事實。時效性言其可循可作，卽荀子所謂「有循于舊名，有作于新名」也。荀子言名，賅典章制度之名而言之，卽示其心靈之網羅萬有，綜絹百代，兼攝自然與人事，而出之以正名之態度，則在名之指謂下，一切皆爲一「客體之有」(Objective being)，而其心靈卽爲一「理智的認識之心」也。故彼能盛言禮。彼謂「禮者法之大分，類之綱紀也。」又曰：「禮者治辨之極也。」故又常言統類，言禮憲。是則每一名（可指典章制度之名言），每一禮，皆是一典憲也。彼由此雖未走上柏拉圖之言理型，然其路數則近之矣。蓋皆重「客體之有」而彰著「理智的認識之心」者也。

以上廣泛地言其心靈之形態。

惟屬于名學之名者，則大都不賅歷史文化所演成之典章制度之名，而惟以荀子所說之「散名」爲主題，此屬于「自然之實事」也。無論「散名之加于萬物」，或「散名之在人」，皆自然之實事也。故言名理當以此爲主。

散名之加于萬物者，荀子謂「從諸夏之成俗」。散名之在人者，則具備若干定義，以明名之所以成。由其定義，卽明名之所以成在指示事實之理也。天論篇亦有若干定義，如：「不爲而成，不求而得，夫是之謂天職。……萬物各得其和以生，各得其養以成，不見其事，而見其功，夫是之謂神。皆知其所以成，莫知其無形，夫是之謂天功。天職既立，天功既成，形具而神生，好惡喜怒哀樂藏焉，夫是之謂天情。耳目鼻口形態，各有接而不相能也，夫是之謂天官。心居中虛，以治五官，夫是之謂天君。財非其類，以養其類，夫是之謂天養。順其類者謂之福，逆其類者謂之禍，夫是之謂天政。」

由對于每一事能下一定義之心靈，卽可開出兩種義理之途徑：㈠順名之所以成卽在表示實事之理，則可以言柏拉圖之理型，而建立形式體性學（Formal ontology），以貞定經驗之現象。㈡順定義之成一名，而反省定義所以成之手續，則可以發見亞氏之所發現，而言五謂與十疇，此卽進入名學之初階矣。然此兩途，荀子皆未作出。而其肇端則近乎此，可以順之而進乎此也。

名理之學，從其發展之迹觀之，可分兩部：㈠概念之分析及概念之形成；㈡推演系統之構造及其充分形式化之完成。前者，所謂邏輯分析屬焉。後者，則套套邏輯系統屬焉。在邏輯分析中，亞里士多德有五謂十疇之說。來布尼兹有普遍代數之企圖，有眞實定義與名稱定義之別，並謂任何一物，若能予以詳盡之分析，皆可成爲清楚而分明之觀念，皆可象之以確定之符號，而明其間之數學關係。其所謂分析，一則函吾人之智或明悟之磨練，二則函由智以燭照事物之內蘊及恒性。清楚而分明之觀念表象上帝，而與感觸性相連之觀念則表象世界。假若吾人常保持其清明之知覺（卽主動心子所發之明悟與智力），且有無窮之時間，必能將一切事物盡轉爲清楚而分明之觀念。然而吾人之知覺不能常清明，吾人有感觸性故；又不能有無窮之時間，因吾人乃是被造之有限心子故。誰能常清明？惟上帝能之。誰能有無窮之時間？惟上帝有之。（實則上帝了解萬物亦不需時間。）然吾人不可不努力以求之。惟經由耐心之分析始能接近眞理而表象上帝。此爲智以明物之不可移者。降至近世，羅素順此路而數學原理出焉。携其邏輯分析之術而類族辨物，可謂深入堂奧而幾近于來布尼玆理想之實現，（指其所夢想之普遍代數言）。荀子玆篇所論，亦屬于此部者。夫析事正名要必本于三義：㈠尅就經驗事物而爲言，經驗事物不可離也。離則必漫蕩而無足以核限之者。㈡心智必運用于經驗事物而彰其明悟之用，若離思漫遊，則必落空而不足以正名辨實，亦且必琦辭詭辯而足以淆亂是非。㈢必將有循于舊名，有作于新名。夫一人之經驗有限，心智有限，而吾人心智之用，又必生息于文化背景之中，無有孤離獨處而盡可以自我作古者也。正名析辭，雖屬名理，儼若與文化之累積無關，而實則天地生之，聖人成之，生死必以禮，卽一日不可離乎理。一日不能無措思言動，卽一日不能無是非之形。子不見夫亂世乎？且不必衡之以道德，褒貶以操守，言僞而辯者多矣，攪亂是非者多矣，指鹿爲馬者不可勝數，奸殺淫盜而必曲辯之以理，殺父母鬬兄弟亦有一說。上無禮，下無學，悖亂不可收拾，夫而後知名理律令之不可不守也；生息言動之不可無矩矱也；歷史之成規，積如許聖哲之聰明才智而磨練以成者，非全無理路也，非盡可擯棄也。千人之英，萬人之傑，其領導生民以從事人文化成也，皆有現實之甘苦，生活上之鄭重。由之孕育而出者，皆必有當于實事，有契于實理。吾人處書齋之中，遊思暇想，而爲專家之業者，不覺其嚴肅，而忘之矣。夫惟有文化之擔負者，始能見出歷史累積之成規成矩之不可盡廢也，不可不循之而滋長也，不可不循之而改作也。此荀子之所以以「後王之成名」標其篇首也。此爲名理之文化來歷及文化意義。惟荀子大賢能知之如此其切。以上三義，荀子所具。茲復有一義，荀子所缺。茲補之而爲㈣曰：心智之運用固須限于經驗，亦須遵守邏輯之法則。定名辨實，實物限之，而辨說理道，志達心通，則不能不守律則，同一律，矛盾律，排中律，是也。此爲西方邏輯所首供，而荀子未能及此，則中國名學中之憾事。夫名理層進，幽深奧遠，然此只示其遠于吾人之感覺，而其自身固無一而不當。徐光啓論幾何曰：「凡人學問，有解得一半者，有解得十九或十一者。獨幾何之學，通即全通，蔽即全蔽，更無高下分數可論。」又曰：「此書有四不必：不必疑，不必揣，不必試，不必改。有四不可得：欲脫之不可得，欲駁之不可得，欲減之不可得，欲前後更置之不可得。有三至三能：似至晦，實至明，故能以其明明他物之至晦；似至繁，實至簡，故能以其簡簡他物之至繁；似至難，實至易，故能以其易易他物之至難。易生于簡，簡生於明。綜其妙，在明而已。」（見幾何原本雜議）。善哉斯言。此義雖謂幾何，亦通名理。故治名理者，不患奧遠，而患于詭辯。有名理之思者，不患于晦繁，而患于不守律令。看之似奧遠，因其守律令，則又甚淺顯。看之似晦繁，因其守律令，則又甚明簡。故守名理律令者。決不詭辯以成姦，決不亂是非以作惡。成姦作惡者，必其大悖于名理者也；玩其琦辭，呈其詐巧，以自欺而欺人者也。戰國名家，雖非全無意義，然大體非能進于名理之實者。試與西方邏輯傳統較，即可知矣。故荀子得以發憤作正名也。以邏輯本質衡之，荀子實具邏輯之心靈，而詭辯之名家不與焉。生命陷溺于現實，墮落于感覺，粗獷淺躁，浮光掠影者，不足與語名理。今世民族生命，墮落已極，故淺躁粗獷之輩，得以携其浮光掠影之詐巧，玩弄唯物辯證法，成奸作惡，以惑愚衆，此亦慢名實，亂是非，不守名理律令者也。以上所言，乃屬于第一部者。至套套邏輯系統之一部，則尤起脚落脚，不離思想三律；推演系統之構造及充分形式化之完成皆賴之而至焉。徐光啓所論之幾何亦屬于此也。故充分形式化之推演系統皆必與數學系統爲鄰也。此則中國之所缺，荀子亦未能企及也。治名理者不至此，不能盡名理之大觀。邏輯分析一部，則名理之初階，亦名理之體之通于外之綜和。名之爲初階，則自邏輯學發展之迹而言之。名之爲「名理之體之通于外之綜和」，則自名理之運用而言之。蓋名理本義唯在套套邏輯系統之一部，此所謂充分形式化而見其自相者也。見其自相，即見其體。及其運用于經驗事物而定名辨實，而條理萬物，則即是「名理之體之通于外之綜和」，亦卽所謂邏輯分析也。故邏輯分析乃名理之體用合一之學，故能見諸事業，形諸文化，而且有關于世道之汚隆，人心之正邪，此荀子之所深切著明者也。吾人卽依此義而定正名篇之函義，而亦依此義定其所屬之邏輯分析之義，而不以邏輯學之初階視之也。

下文荀子論所爲有名，所緣以同異，制名之樞要，三事。

× × × ×

異形離心交喩，異物名實玄紐。〔此從王先謙讀。然其解未當。今作如此解：離或如楊注解爲分離，或解爲附麗。如作前解，則「異形離心交喩」，意卽：異形分離人心而喩解錯雜，互相出入。如作後解，則爲：異形麗于心而喩解錯雜，互相出入。下句「玄」字，或如王念孫說，爲互字，其解曰：「名實互紐卽上文所謂名實亂也。」或如郝懿行云：「玄卽眩字，紐系也，結也。言名實眩亂連系交結而難曉也。」楊注解玄爲深隱，紐解同郝。兩說皆通。改互字，取其與上句交字爲對。實亦不必如此，因異形麗于心而喩解錯雜，異物之名實玄惑連系交結而難曉，故有下文云云。〕貴賤不明，同異不別。如是，則志必有不喩之患，而事必有困廢之禍。〔案：言之難曉，志之難喩，無過于今日。成規成矩，盡皆廢棄。知性上之名理律令與夫定常座標，皆出之以曲辯而抹殺之。故唯物辯證法者可以詬詆形式邏輯以及其由之以成之思想律。概念皆有確義，名詞所指之意義皆有定位，而今一切皆悖慢不守。故唯物辯證法者得視陰陽電子與數學中之正負號，亦爲辯證法中之正反矣，亦視之爲辯證的發展矣。夫道有常有變，如邏輯數學以及內在道德性皆恒常不易者也。前兩者屬於知性，所謂智用之定常座標也。後者屬于人之行爲，所謂秉彝也，良知之天理也。而持唯物史觀之說者則皆不能承認之，而必謂其隨社會形態之變而俱變，皆謂其是上層建築之意識形態也。雖舌敝唇焦，眞理彰明，而彼私心者仍不承認。縱彼理曲辭窮，而必詭辯以自護。故明明是東，必曰西；明明是鹿，必曰馬。夫理之明顯而必然不可移者有如此，而陷溺其心者不敢正視之，不能坦白承認之，則其偏僻邪執之深，亦可驚矣。汝若說國家，則否認國家；汝若說道德，則唾棄道德；汝若說文化，則鄙視文化；汝若說父母兄弟，則並父母兄弟而殺之。而其否認，唾棄、鄙視、殘殺、又皆有其邪僻之理論，此豈非言僞而辯之流言奸言而何？」故知者爲之分別制名以指實。上以明貴賤，下以辨同異。貴賤明，同異別，如是，則志無不喻之患，事無困廢之禍。此所爲有名也。

然則何緣而以同異？曰緣天官。凡同類同情者，其天官之意物也同。故比方之，疑似而通。是所以共其約名以相期也。〔王念孫曰：約名猶言名約。上文云：是謹于守名約之功也。〕

形體色理以目異，聲音淸濁調竽奇聲以耳異，〔俞樾謂調竽當爲調笑，卽談笑也。王先謙謂當爲調節。〕甘苦鹹淡辛酸奇味以口異，香臭芬鬱腥臊洒酸奇臭以鼻異，〔王念孫曰：「楊以洒爲漏之誤是也。余謂酸乃庮字之誤。庮從酉聲，與酸字左畔相同，又涉上文辛酸而誤也。周官內饔及內則並云：牛夜鳴則庮。先鄭司農云：庮朽木臭也。內則注云：庮惡臭也。春秋傳曰：一薰一庮。鬱腥臊漏庮並見周官禮記，則洒酸必漏庮之誤也，酸亦味也，非臭也。」案王說是。〕疾養滄熱滑鈹輕重以形體異，〔楊注謂：或曰滑如字，鈹當爲鈒，傳寫誤耳，與澀同。案此或說是。〕說故喜怒哀樂愛惡欲以心異。〔王先謙謂說同悅，故者作而致其情也。與性惡篇聖人積思慮，習僞故，以生禮義而起法度，句中之故字同。案此說是。〕心有徵知。徵知，則緣耳而知聲可也，緣目而知形可也。然而徵知必將待天官之當簿其類然後可也。〔句中天官爲五官亦可。〕五官簿而不知，〔此句中之五官作天官亦可〕，心徵之而無說，則人莫不然謂之不知。此所緣而以同異也。〔案：同異緣天官，天官各依其類而當簿之，同異見焉。當簿其類之天官含耳目鼻舌身之五官及心官兩類而言之。五官爲外部感覺，心官爲內部感覺。外感給吾人以外部現象，內感則給以心理現象。各有所「給予」，卽荀子所謂當簿其類也。然而心官不只作當簿其類之一官看，且作爲「徵知」看。心之徵知則心之智用也，所謂知性也。此與給予以悅故喜怒哀樂愛惡欲之心官異。心之智用之徵知運用于天

官之當簿其類之所與而有同異，而有類名，而類族辨物。〕

然後隨而命之。同則同之，異則異之。單足以喻則單，單不足以喻則兼。單與兼無所相避則共，雖共不為害矣。〔案：單謂單名也，如馬、白等。兼謂複名也，如黃馬、白石等。單與兼無所相避，言無所不相容也。單兼不亂，而相容不悖，則共亦不為害。如馬一方為單名，一方亦可為共名。白馬雖為複名，亦可為共名。單兼皆具體的指謂名也。共則抽象的普遍名也。〕知異實者之異名也，故使異實者莫不異名也。不可亂也。猶使異實者莫不同名也。〔案此句中之異實當為同實。楊注引或說即作如此解，王念孫亦然其說。如存異實，其解稍曲，即欲說共名也。楊注如此。〕故萬物雖衆，有時而欲徧舉之，故謂之物。物也者大共名也。推而共之，共則有共，至于無共然後止。〔共則有共之有讀為又。從王念孫說。〕有時而欲徧舉之，〔徧當為偏〕，故謂之鳥獸。鳥獸也者大別名也。推而別之，別則有〔又〕別，至于無別然後止。〔案：偏舉之共名，則由單兼名而抽象之至于普遍名也。偏舉之別名，則由共名而下散之至于具體之單兼名也。惟此中有別，共名是類名或綱名，別名是族名或目名。單兼名則個體名也。〕名無固宜，約之以命。約定俗成謂之宜。異于約則謂之不宜。名無固實，約之以命實。〔王念孫云：實字衍。〕約定俗成，謂之實名。名有固善，徑易而不拂，謂之善名。〔案：此三層指名本身言，不指名之客觀內容言。又王念孫所謂實字衍，實則在此處亦不必視爲一定。而上句名無固宜，約之以命，亦可爲「約之以命實」也。〕物有同狀而異所者，〔謂兩相同之物而空間地位不同者〕，有異狀而同所者，〔謂同一物而變化其狀者，如一人之老幼，〕可別也。狀同而爲異所者，雖可合，謂之二實。狀變而實無別，而爲異者，謂之化。有化而無別，謂之一實。〔案：一實一對象也，異狀而同所，同所亦可解爲一個對象。同狀而異所，異所謂兩實，即兩個對象也。〕此事之所以稽實定數也。〔案：數亦爲一種類名。故注重物之同所異所，一實二實，而不注重其狀之同與異也。上言單、兼、共、別，是指性質言，今則指量言，故爲數名也。故云稽實定數。亞氏邏輯重質名，羅素數學原理則論數之類名，即量名。由量名而至關係名，此爲荀子所未及。有「實謂」之名不過質量關係三類。握其樞要，則名理可得而言矣。〕此制名之樞要也。後王之成名，不可不察也。

解曰：限于經驗，運用心智，則制名之本源也。兼單共別，則依抽象原則而制質名也，此制質名之樞要也。稽實定數，則依一所二所之數量原則而制量名也，此制量名之樞要也。名無固宜，名無固實，則依約定原則而命名也，此命名之樞要也。惟此是指命名取名而言，非指名之意指及其客觀內容而言也。其意指與客觀內容，則非約定所可命也，有固宜有固實矣。由量名關係名而定數名，則有兩部可言：㈠數及數式自身之形成，此則依先驗主義而純邏輯地構造之也，此爲論數學之自性。（二）數學自性之通于物之綜和，此則依邏輯分析而稽實定數也，定數者定「實」之數也，此爲數學之應用，亦卽論其他性。荀子所略及者屬于此第二部也，未能至于第一部也。關此兩者，西哲獨具匠心。康德純理批判，羅素數學原理（與懷悌海合著者），可細讀也。杜威邏輯（亦名研究論）亦可觀也。（此書論名及辭或命題皆極佳。于數名亦有獨到處。）然彼等雖理論壯濶，極技巧之能事，而于理之分際亦多未能盡恰。吾邏輯典範頗思有以獻芻蕘之議，而將極成其一得之愚于認識心之批判。夫名數之學（各有兩部）乃所以窮盡知性之能，光照外物之性（卽自然界）者也。磨練認識之主體，貞定外在之自然，莫過于此者。故在知性活動，必尊名崇數，而名數者亦所以成就知性活動也。此爲積極而建構者，故科學由之而成。凡知性活動之範圍無不由之而定而成也。是故人心之知性活動亦爲積極而建構者，故必尊乎名數而又攝乎名數于其自身也。學不至乎此，不足以語于形上之充實；學不經乎此，不足以語于越乎此。舉凡形下之成就，皆賴乎此也。而或于知性活動，不限之于經驗，不尊守乎名數，宜其玩琦辭，呈怪說，而流于詭辯也。此戰國名家之所爲也，所以見斥于荀子也。（見下文辨三惑）。又或于知性活動，不守名數，不成科學，而將越乎知性之精神發展之辯證法則用之于知性之範圍，套之于外物之變動，隨意指名以正反，姑妄言之以辯證，移入情感，譬況解頤，朝三暮四，顚倒惑亂，藉以欺惑愚衆，堵塞慧根，此今日持唯物辯證法論者之罪也。故正名當分兩層：㈠知性範圍內，㈡越乎知性之實踐理性（卽精神發展）範圍內。荀子所作者，屬第一層也。至第二層，則所以斥唯物辯證法之妄也，此今日之事也。夫名數之學，在彼西方如是其廣大，而在中土則如是其式微。荀子者，不可謂非鳳毛麟角也。其爲特出，非謂其于名數之學有若何之成就，乃謂其心靈與路數乃根本爲名數的也。故其不觸則已，一經觸及，便中肯要。而于名數之學之文化意義，輒能卓然識其大。于其于心智運用中之成就，輒能知其當，反覆言之而不覺其辭之複。（此如其雅言統類，雅言禮義之統，分位之等，善言禮與制，法之大分，類之綱紀，等。此雖不是名數本身事，然而實是名數的，實是名數心智運用之所函，運用於政治人文之所函。其正面學術大義吾已言之于荀學大略中。）于其所形成之心智之了解與規定，輒能順其理之必然而保持其系統之一貫。（此如其以心治性，心爲認識的心，明辨的心，而非形上的心，由「智」識心，不由「仁」識心，故與孟子絕異；而又以生理的自然定性，故主性惡，天與性俱是不事而自然，俱是被治者，故主天生人成。人成卽以心之明辨，制禮明分，藉以治性而化成之，故主人爲。而是非善惡之標準則在客觀之統類，禮義之統，此大君子雅儒大儒聖王以其心之明辨之所形成者。凡此一串推理皆爲認識心之所必函。故其所見之心爲名數的，亦因而卽爲認識的。彼正面學術雖不在名數，然正爲名數之心之所函。而正名篇之論及名數實即分明點出此心之爲名數的心。由此而滋長增上即可開出全部名數學，而亦必攝名數學于名數心即知性活動也。惜荀子只于正名篇開其端，未能如亞里士多德之造其模，而後人亦無有能順之而前進者。）此種心靈不可謂非建構的也。而詭辯名家卻未必眞爲名數之心靈。（公孫龍子有其價值，然不及荀子靈魂之偉大遠甚。）夫荀子不解孟子無傷也。後人觀之，則正見其相反而相成。（宋明儒者因種種因緣不識荀學之價值，因而亦不及孟荀之綜和。）無知性活動之積極建構性，不能語于形上的心之充實；無形上的心以爲本，則知性之成就不能有最後之歸宿。此所謂孟荀之相反相成之綜和也。

× × × ×

見侮不辱，聖人不愛己，殺盜非殺人也，此惑于用名以亂名者也。驗之所以爲有名，〔以字衍〕，而觀其孰行，則能禁之矣。〔案：荀子名此種怪說奇辭爲惑于用名以亂名。楊注云：「言此三者，徒取其名，不究其實，是惑于用名以亂正名也。」此三句中，「唯殺盜非殺人」一句類乎用名以亂名。「見侮不辱」及下文「情欲寡」，皆宋鈃之說。荀子正論篇末對此兩說皆有批評。又非十二子篇云：「不知壹天下，建國家之權稱。上功用，大儉約，而僈差等。曾不足以容辨異，縣君臣。然而其持之有故，其言之成理，足以欺惑愚衆，是墨翟宋鈃也。」天論篇末又云：「墨子有見于齊，無見于畸。宋子有見于少，無見于多。」又云：「有齊而無畸，則政令不施；有少而無多，則羣衆不化。」是則見侮不辱，情欲寡，一類，乃是「見」之問題。彼依其所見，而爲某義，而持某說，于事理有當否，能極成否，固有可得而議者，然此似非邏輯之問題，故不能以「用名以亂名」概括之也。非十二子篇，墨翟宋鈃並稱，可見是思想問題，非名理問題也。「聖人不愛己」亦是一見，看如何解耳。凡此，自可遵守名理以辨之，然非關用名以亂名也。至「殺盜非殺人」，則類乎「用名以亂名」之詭辯。夫名者，本在期實喻志，今若如「殺盜非殺人」一句之義，則將任何命題不能說也，任何名不能用也，任何概念不能有肯定之連結也。凡事皆可散之而予以專名。若只有專名，則個個相非，任何話不能說。名不能用，實不能期，志不能喻，等于名之否定。此即所謂「用名以亂名」也。荀子所謂琦辭怪說，大抵指此類而言之。故非十二子篇云：「不法先王，不是禮義，而好治怪說，玩琦辭，甚察而不惠，（王念孫云惠當爲急之誤），辯而無用，多事而寡功，不可以爲治綱紀。然而其持之有故，其言之成理，足以欺惑愚衆，是惠施鄧析也。」此種詭辯家，或用名以亂名，或用名以亂實（見下），非可語于名理之學也。」

山淵平，情欲寡，芻豢不加甘，大鐘不加樂，此惑于用實以亂名者也。驗之所緣無以同異，〔無字衍〕，而觀其孰調，則能禁之矣。〔案：山淵平，即莊子天下篇所記惠施「山與澤平」一句。情欲寡爲宋子說。後兩句爲墨子說。楊注解云：「古人以山爲高，以泉爲下。原其實亦無定。但在當時所命耳。後世遂從而不改。亂名之人，既以高下是古人之一言，未必物之實也，則我以山泉爲平，奚爲不可哉？古人言情欲多，我以爲寡，芻豢甘，大鍾樂，我盡以爲不然，亦可也。此惑于用實本無定，以亂古人之舊名也。」案此解稍籠統。用實以亂名，亦可以是名理問題，亦可以是根乎玄覽而來的形而上學的見地問題。依乎後者，其根本意思是在：在現象方面，凡所用名言以及名言所指之事實，皆係相對者：從名言方面說，其相對爲約定俗成；從所指之事實方面說，其相對爲相依相待而然，本無絕對之是，知乎此，則根乎玄覽而泯其相對之別無不可，一切顛倒之亦無不可也。山淵平即此類也。莊子齊物論及秋水篇「以道觀之物無貴賤」一段，皆甚宣揚此理。將吾人日常生活，或現象方面，或理解活動中所使用以及所成者，皆予泯除或顛倒之，此無異于破壞之，故類乎用實以亂名也。但另一方面，其所用之實乃根乎玄覽觀點而見之實，則又與名理所控制之實或作爲知識對象之實，其意甚不同，故立于名學立場而謂之爲用實以亂名，與彼用名以亂名及用名以亂實者，視之爲同層，則嫌不類而昧乎玄理矣。芻豢不加甘，大鐘不加樂，如解爲大甘不甘，大樂不樂之意，如老莊書中所雅言者，亦係以絕對泯相對。如提倡儉德，則屬別義。如孔子所說：「禮云禮云，玉帛云乎哉？樂云樂云，鐘鼓云乎哉？」則又另一義。若在通常，如說芻豢不甘，則非生理有病，卽是不合事實。如說大鐘不樂，則非其聲刺耳，卽是耳官有病。要之，皆非有關于亂名也。茲就大甘不甘，大樂不樂之意而言之，視其與「山淵平」爲同類。須知凡爲此義者，必須有見于「絕對」之切實義，亦必須肯定知性活動之積極性，方可言之有義蘊。從相對以見絕對，以絕對消融相對，皆非玩弄名詞之戲論。不知知性之積極性，不能知越乎知性者之充實性。而越乎知性之絕對，若不能由實踐理性而契之，由精神發展而透露之，則亦不能見其眞實義與嚴肅義。故精乎此義者，在西方，唯黑氏學，在中土，唯儒家。佛家言眞諦俗諦，亦能分際不亂，而又本乎「修止觀」之實踐，故亦眞實而切實，不至于流而玩也。惟老莊則處于觀論之立場，玄覽之態度，而言之，始至于流而玩，所謂玄談也。道德經中之老子，則較質實。其近乎權術者，世故者，則下流矣。莊子則流玩玄談意味重，而其背後之精神，則爲虛無之蒼涼之感。此則由諷誦其無端崖之辭卽可見者。（魏晉人同此一病態。）以其不本于仁也，不本于實踐理性，精神發展也。故只見爲浮薄之理智遊戲，而不見其眞實之嚴肅義。若是流于名家而以詭辯出之，則除玩琦辭，治怪說，攪亂名實外，無他意味可言也。自此而言，則是名理問題；自老莊而言，則不是名理問題也。荀子于此兩者不清，以其不能至知性活動以上也，又不能將屬于名理之詭辯者與屬于學說者分別開，故純以亂名實而斥之，有不恰也。然其主要所斥者，固在治怪說玩琦辭之名家也。」

非而謁，楹有牛，馬非馬也，此惑于用名以亂實者也。驗之名約，以其所受，悖其所辭，則能禁之矣。〔案：楊注云，「非而謁，楹有牛，未詳所出。」莊子天下篇記惠施中亦無此兩句。馬非馬，即公孫龍子白馬非馬之說。若依個體名，目名，綱名而言之，說白馬非馬亦可。公孫龍子白馬論，即如此解說也。白馬爲個體，馬爲類名。公孫龍子固說，呼白馬，則黑馬不能應，呼馬，則白馬黑馬皆可應。此意顯然含有個體名與類名之別，然亦顯然函有白馬黑馬皆是馬也，區別白馬名與馬名不同可，而藉以謂白馬非馬不可也。亞里士多德善言個體綱目，不聞其有白馬非馬之怪論也。惟公孫龍子「白馬非馬」一語，亦是冤獄。蓋依其解說，此中「非」字並不是否定「白馬是馬」之否定，而此語亦不是否定「白馬是馬」之否定命題。其「非」字之意蓋只是明兩概念之不同。若依此不同解，則不應造成「白馬非馬」一命題。尤不應由此而號于衆曰：吾可以主張白馬非馬也。若彼有此意，則不是冤獄，實應負治怪說，玩琦辭之罪。若彼無此意，只是措辭之不盡或不恰，則是冤獄。而他人由其此語而單提之，視爲一否定命題，亦只是誤會，縱彼此語實易至此誤會，亦仍是誤會，而可謂嫌疑犯也。今若視爲一否定命題而爲怪說琦辭，則即爲用名以亂實。總因公孫龍非一健全之邏輯心靈而不能成其大。若如亞里士多德之治名理，則何至有此乎？故名數之學非易事也。若無莊嚴高貴之靈魂，亦不能有所成。」

凡邪說辟言之離正道而擅作者，無不類于三惑者矣。故明君知其分而不與辨也。夫民易一以道，而不可與共故。故明君臨之以勢，道之以道，申之以命，章之以論，禁之以刑，故其民之化道也如神，辨勢惡用矣哉？〔盧文弨曰：辨勢當爲辨說之訛。〕今聖王沒，天下亂，姦言起。君子無勢以臨之，無刑以禁之，故辨說也。

實不喩然後命，命不喩然後期，期不喩然後說，說不喩然後辨。故期命辨說也者，用之大文也，而王業之始也。名聞而實喩，名之用也。累而成文，名之麗也。〔麗同儷，配偶也，纚纚相屬也。非華麗之麗。〕用麗俱得，謂之知名。名也者，所以期累實也。〔楊注云：或曰，累實當爲異實。〕辭也者，兼異實之名以論一意也。〔王念孫云：論當爲諭字之誤。案辭即命題。兼異實而成一辭。〕辨說也者，不異實名，以喩動靜之道也。〔楊注云：「動靜是非也」。案「不異實名」，楊注解爲：「言辨說者，不唯兼異常實之名，所以喩是非之理。」其意不明。「不異實名」似當作「不二實名」解，不二即「法不二後王」之不二。言不歧離于後王也，不歧異于後王也。此不異實名，亦即不歧離或不歧異于實名。名家之詭辯，正是歧異于實名，故流于怪說琦辭而亂名，非眞辨說也。故眞辨說，當爲不離實名，以喩是非之道。」期命也者，辨說之用也。辨說也者，心之象道也。心也者，道之工宰也。道也者，治之經理也。心合于道，說合于心，辭合于說。正名而期，質請而喻，〔王念孫云：質本也，請讀爲情。情實也。言本其實而曉喻之也。〕辨異而不過，推類而不悖。聽則合文，辨則盡故，以正道而辨姦，猶引繩以持曲直。是故邪說不能亂，百家無所竄。有兼聽之明，而無奮矜之容。有兼覆之厚，而無伐德之色。說行，則天下正。說不行，則白道而冥窮。是聖人之辨說也。〔兪樾曰：窮當讀爲躬。白道而冥躬者，明白其道而幽隱其身也。〕詩曰：「顒顒卬卬，如珪如璋，令聞令望。豈弟君子，四方爲綱。」此之謂也。〔詩大雅卷阿之篇。〕

辭讓之節得矣，長少之理順矣。忌諱不稱，祆辭不出。以仁心說，以學心聽，以公心辨。〔案此三語見出荀子靈魂之高。〕不動乎衆人之非譽，不治觀者之耳目，〔王念孫曰：治當爲治字之誤。〕不賂貴者之權勢，不利傳辟者之辭。故能處道而不貳，吐而不奪，〔兪樾曰：吐當爲咄，形似而誤。咄者詘之假字。言雖困詘而不可刼奪。〕利而不流。貴公正而賤鄙爭。是士君子之辨說也。詩曰：「長夜漫兮，永思騫兮，大古之不慢兮，禮義之不愆兮，何恤人言兮。」此之謂也。〔逸詩也。〕

解曰：天下亂，姦言起，邪說僻辭，流湎無窮。或用名以亂名，或用實以亂名，或用名以亂實。名實亂，一切皆乖。三亂惑天下，故須辯說也。荀子非相篇云：「法先王，順禮義，黨學者，然而不好言，不樂言，則必非誠士也。」孟子亦曰：「予豈好辯也哉？予不得已也。」不得已者何？仁心之不容已也。非誠士，則無仁心也。故辯說根于仁，故荀子曰：以仁心說，以學心聽，以公心辨。說之根于仁之不容已，故能聽之以謙虛。虛者所以喻他人之志，知其是非之何所在，而期委曲以引轉之也。孔子曰：「有鄙夫問于我，空空如也。我叩其兩端而竭焉。」俯就而聽之，方能同情而解之。故其于辯也，自能公而無所私。公者，仁心學心之所透示也。仁自能虛而公，故仁爲本也。佛家說，以大悲心轉大法輪。仁心而說，悲憫之懷也。凡邪說流言，皆出于私也。辯說之不以仁，不能動其良知之覺也。仁爲辯說之大本。

其次則以智。荀子大略篇曰：「智者明于事，達于數。」又曰：「語曰，流丸止于甌臾，流言止于智者。此家言邪學之所以惡儒者也。是非疑，則度之以遠事，驗之以近物，參之以平心。流言止焉，惡言死焉。」截斷衆流，整齊惑亂，自悟悟他，拔邪去毒，此智光之普照也。佛家言四無礙：一曰法無礙，二曰義無礙，三曰辭無礙，四曰辯無礙。皆智之事也。陸象山曰：「凡有虛見虛說，皆來這裏使不得。所謂德行恒易以知險，恒簡以知阻也。談禪者，雖爲艱難之說，其實反可寄託意見。吾于百衆人前，開口見膽。」開口見膽，故流言止焉，惡言死焉。虛見虛說，皆無所遁其形也。孟子曰：「詖辭知其所蔽，淫辭知其所陷，邪辭知其所離，遁辭知其所窮。」此皆智之事也。智之用，一在守名理，二在明層次。知何者屬于知性，何者屬于超知性。在知性範圍內，邏輯數學其大規範也。故不得用名以亂名，用名以亂實。琦辭怪說之詭辯，可得而廓清也。超知性，則實踐理性其主也，精神發展其蘊也。知乎此，則辯證法則不得用于知性，正反不得施于經驗對象，而唯物辯證法論者之攪亂範圍，朝三暮四，敗壞名理（兼形式邏輯與辯證邏輯兩者而言）以欺惑愚衆，可得而廓清也。守名理，明層次，則理性之全部系統明白而無隱，智用之辨說可觸處而無碍，而邪惑迷亂者亦可以在光明之下而潛消。此智之全體大用也。故智之用一爲批判，一爲建構。批判者，釐清範圍，摧邪顯正；建構者，彰顯統系，一體平鋪。由批判而顯建構，即所以彰顯理性之全部系統也。故學問之事，仁且智盡之矣。論語：「樊遲問仁。子曰：愛人。問知，子曰：知人。樊遲未達。子曰：舉直錯諸枉，能使枉者直。樊遲退。見子夏曰：鄉也，吾見于夫子而問知，子曰：舉直錯諸枉，能使枉者直。何謂也？子夏曰：富哉言乎！舜有天下，選于衆，舉皐陶，不仁者遠矣。湯有天下，選于衆，舉伊尹，不仁者遠矣。」孔子只說「舉直錯諸枉，能使枉者直」，便仁智雙彰。故子夏贊之曰富哉言乎。仁能生智，智能利仁。金聲而玉振，終始其條理，故能集大成也。（孟子言：「始條理者，智之事也。終條理者，聖之事也。智譬則巧也，聖譬則力也。由射于百步之外也。其至爾力也，其中非爾力也。」此聖智並言。）

仁且智，則大勇生焉，浩然之氣至焉，故殿之以勇。荀子曰：「不動乎衆人之非譽，不治觀者之耳目，不賂貴者之權勢，不利傳辟者之辭。」此卽勇也。孟子曰：「我知言，我善養吾浩然之氣。」知言智也。浩然之氣大勇也。故曰：「其爲氣也，至大至剛。以直養而無害，則塞于天地之間。其爲氣也，配義與道，無是餒也。是集義所生者，非義襲而取之也。行有不慊于心，則餒矣。」勇有四相：㈠壁立千仞，不可搖撼。此卽不動乎衆人之非譽。㈡殺身成仁，捨生取義。此卽「自反而縮，雖千萬人，吾往矣。」義之所在，決不退縮。㈢不恐懼，無顧慮。此卽敢爲眞理而說話。近人並非眞無是非，只因忌諱顧慮太多，遂閉悶而不敢言，馴至委曲眞理而走邪。此卽爲恐懼所威脅，而無宣說眞理之自由。此種不自由，最爲痛苦。故免于恐懼之自由，實爲人類最高之自由。今中國人方爲蘇俄共黨所挾持，正陷于恐懼中而不能自拔。此一般人之無勇也。故大勇者，必須先自解脫于恐懼，自由自在，無怖無畏。從容而言，平心而辯。自解于恐懼，乃爲最高之德慧。耶穌曰：「不要怕，只要信。」佛家亦言十力無畏。孔子畏于匡，亦曰：「匡人其于予何。」又曰：「不怨天，不尤人，下學而上達，知我者其天乎。」是則自信自肯，一理平鋪，更無走作，故能自由自在，無怖無畏也。自己先免于恐懼，然後方能爲蒼生作主，解除一般人之恐懼。㈣遷善改過，敢于面對眞理。佛言：聞大法而無怖畏。此卽勇于接受眞理也。一般人安于小成，而不思進取，無勇也。安于小成，卽陷溺于小成，此亦是過。陷溺于過，故怖畏眞理。怕改過與怕眞理是一事。陷溺于邪說流言之中而不能自拔，亦是無勇。故見眞理而多方廻避，于己之邪謬而多方曲辯。此種怯懦，名曰自甘墮落。故孔子曰：「過則無憚改。」又稱顏子曰：「不遷怒，不貳過。」荀子亦曰：「君子之學如蛻，幡然遷之。故其行效，其立效，其坐效，其置顏色出辭氣效。無留善，無宿問。」（大略篇）。人須自解于恐懼，亦須自解于陷溺。怕改過怕眞理亦不自由也。

吾疏解正名篇如上。原文此下尚有數段，以與名理無關，故略。

國家圖書館出版品預行編目資料

名家與荀子

牟宗三著. – 初版. – 臺北市：臺灣學生，
1979 [民 68]
面；公分

ISBN 978-957-15-0054-6 (平裝)

1. 名家
2. （周）荀況 – 學識 – 哲學

121.5

名家與荀子（全一冊）

著作者：牟宗三
出版者：臺灣學生書局有限公司
發行人：盧保宏
發行所：臺灣學生書局有限公司
臺北市和平東路一段一九八號
郵政劃撥戶：〇〇〇二四六六八號
電話：(〇二)二三六三四一五六
傳真：(〇二)二三六三六三三四
E-mail: student.book@msa.hinet.net
http://www.studentbooks.com.tw
本書局登記證字號：行政院新聞局局版北市業字第玖捌壹號
印刷所：長欣彩色印刷公司
中和市永和路三六三巷四二號
電話：二二二六八八五三

定價：平裝新臺幣二二〇元

西元一九七九年四月初版
西元二〇〇六年九月初版六刷

12114

ISBN 978-957-15-0054-6 (平裝)

牟宗三先生其他著作目錄：

從周易方面研究中國之玄學與道德哲學	二十四年自印本
邏輯典範	三十年商務版
認識心之批判（上下册）	臺灣學生書局
理則學	臺北正中書局
道德的理想主義	臺灣學生書局
歷史哲學	臺灣學生書局
政道與治道	臺灣學生書局
生命的學問	臺北三民書局
名家與荀子	臺灣學生書局
才性與玄理	臺灣學生書局

佛性與般若（上下册） 臺灣學生書局
心體與性體（三册） 臺北正中書局
從陸象山到劉蕺山（心體與性體第四册） 臺灣學生書局
智的直覺與中國哲學 臺北商務印書館
現象與物自身 臺灣學生書局
康德的道德哲學 臺灣學生書局
康德「純粹理性之批判」譯註（上下册） 臺灣學生書局
中國哲學的特質 臺灣學生書局
中國哲學十九講 臺灣學生書局
牟宗三先生的哲學與著作（七十壽慶論文集） 臺灣學生書局
圓善論 臺灣學生書局
名理論 臺灣學生書局
中西哲學之會通十四講 臺灣學生書局
康德判斷力之批判（上下册） 臺灣學生書局